Das Kapital

Karl Marx

新 版

資本論 5

第二巻　第一分冊

カール・マルクス

日本共産党中央委員会社会科学研究所　監修

新日本出版社

凡　例

一　本書は、カール・マルクス著『資本論』第一部―第三部の全訳である。本訳書は、一九八二年一一月から八九年九月にかけて新書版として刊行された訳書（一三分冊）を改訂したもので、一二分冊の新版『資本論』として刊行される。

二　翻訳にあたっての主たる底本には、ドイツ語エンゲルス版（第一部第四版、第二部第二版、第三部第一版）を用いた。

三　新版では、『資本論』諸草稿の刊行と研究の発展をふまえ、エンゲルスによる編集上の問題点も検討し、訳文、訳語、訳注の全体にわたる改訂を行なった。

第一部では、マルクスが校閲した初版、第二版との異同、フランス語版にもとづく第三版、第四版の主な改訂個所を訳注で示し、「独自の資本主義的生産様式」、「全体労働者」など、マルクス独自の重要概念について、訳語を統一した（第一―第四分冊）。

第二部では、初版と第二版との異同、エンゲルスによる文章の追加、加筆個所、および編集上の問題点を訳注で示し、必要な場合には、マルクスの草稿を訳出した。第三篇第二一章については、訳注で独自の節区分を示し、拡大再生産の表式化に到達するまでのマルクスの研究の経過をつかめるようにした。また、マルクスが第二部第三篇の最後の部分を恐慌理論の解明に充てていたことを考慮し、第二部第一草稿（一八六五年）に書きこまれた新しい恐慌論の全文を訳注として収録した（第五―第七分冊）。

第三部の草稿は、『資本論』諸草稿のなかでもっとも早い時期に準備されたもので、執筆時期の異なる二つの部分（第一篇―第三篇、第四篇―第七篇）からなっている。さらに、研究の進展のなかでマルクスの到達点が前進し、第三篇の論点には、利潤率低下法則の意義づけ、およびそのもとでの資本主義的生産の必然的没落の展望など、マルクスにとって克服ずみの見解であることの指摘を要する部分も生まれた。第三部では、こうした点に留意し、マルクスの研究の発展とその到達点、エンゲルス版の編集上の弱点、草稿との異同、エンゲルスによる文章の混入個所を訳注で示した。とくに第五篇では、本来『資本論』の草稿ではなかった諸章の混入個所を指摘した。また、必要な場合には、マルクスの草稿を訳出した。第七篇第四八章では、エンゲルスによる原稿配列をマルクスの草稿の順序に組み替えた（第八―第一二分冊）。

全三部を通して、マルクス自身の研究の発展史と歴史的事項にかんする訳注を大幅に拡充した。

改訂にあたっては、新『マルクス・エンゲルス全集』（新メガ Marx-Engels-Gesamtausgabe）の諸巻を参照した。

四　注については、マルクス、エンゲルスによる原注は（　）に漢数字を用いてそれを示し、各段落のあとに訳出した。訳文中や、＊印によって訳文のあとに、〔　〕を用いて挿入されたものは、すべて訳者、監修者による注ないし補足である。

五　訳注のなかで、〔邦訳『全集』第○巻、○○ページ〕とあるのは、ディーツ社（現カール・ディーツ社、ベルリン）発行の『マルクス・エンゲルス著作集《ヴェルケ》』を底本とした邦訳『マルクス・エンゲルス全集』（大月書店）の巻数とページ数を指している。

六　『資本論』のドイツ語原文にあたろうとする読者の便宜のために、ヴェルケ版『資本論』の原書ページ数を、訳文の欄外上に（　）で算用数字を用いて付記した。ただし、ヴェルケ版では、マルクスが引用した著作などについて、本来一つの段落文中に含まれているものを改行し、その引用文のみを独立した段落にしているため、本訳書とは改行の位置に相違がある。

七　訳文中の〝〟でくくられた語、句、文は、すべて、マルクス（またはエンゲルス）によってドイツ語以外の言語（ラテン語などを含む）が単独で使用されている個所である。専門用語の場合、〝〟でくくらず、必要に応じて、綴りないしルビによって示したものもある。なお、それらドイツ語以外の言語による語、句、文が、同じ意味のドイツ語と併記されていて、相互の言い換えとして使用されている場合には、それらにニュアンスの相違がある場合をのぞき、訳出や明示を省略した。

八　訳文で、傍点を付した部分は原文の隔字体またはイタリック体の部分を表わしている。

九　マルクス（またはエンゲルス）が引用した文章について、必要な場合、原文との異同を訳注で示した。また、固有名詞、数値などの明白な誤記、誤植はとくに注記せずに訂正した。

一〇　引用文献のうち邦訳のあるものは、入手の便宜なども考慮し、邦訳書を掲げた。これは、新書版での記載を改訂し、新たに追加したものである。

一一　第一二分冊の巻末に、人名索引を付した。

一二　新版『資本論』の改訂作業は、日本共産党中央委員会社会科学研究所によって行なわれた。研究所からは、不破哲三、山口富男、卜部学、小島良一が、監修と改訂の作業にあたった。本訳書のもとになった新書版の刊行にあたっては、研究所の委嘱により翻訳のための委員会が組織され、多くの研究者の参加と協力を得た。新書版および一九九七年一二月に刊行された上製版（五分冊）の訳出・編集体制については、それぞれの版の「凡例」を参照いただきたい。

目　次

第二部　資本の流通過程

第二巻分冊目次

第一分冊

第二分冊

第三分冊

資本論

経済学批判

第二巻　第二部　資本の流通過程

フリードリヒ・エンゲルス編集

序　言

『資本論』の第二部を印刷に回せるように作成すること、しかもそれが一方では脈絡の通った、できるだけ完結した著作であるように、しかし他方ではまた編集者の著作ではなくもっぱら著者の著作であるように作成することは、容易な仕事ではなかった。現存する、たいていは断片的な論稿の多いことが、この課題を困難にした。できている限りで、完全に印刷に回せるように編集されていたのは、せいぜいただ一つ（第四草稿）だけであった。ところがこれも大部分は、その後の時期の改訂によって使いものにならなくなっていた。材料の主要部分は、その大部分が実質上仕上げられていたものの、文章上では仕上げられていなかった。それは、マルクスが抜き書きをつくるさいに用いるのを常とした言い方で書かれていた。すなわち、ぞんざいな文体、くだけた、しばしば無遠慮な諧謔《かいぎゃく》的表現と言い回し、英語とフランス語との術語で書かれ、しばしば文全体が、しかも数ページにもわたって英語文になっている。それは、考えがそのつど著者の頭のなかで展開されるままの形で書きおろされたものである。詳細に述べられた個々の部分とならんで、それと同じく重要な他の部分は概略が示されているだけである。例証のための事実的材料が集められてはいるが、ほとんど分類されておらず、まして整理されてはいない。諸章の終わりには、早く次に移ろうとして、しばしばほんのわずかのきれぎれの文章が、そこに未完のまま残された展開の目印としてあるだけである。最後に、著者自身にもときどき読めないほどの周知の筆跡である。

私は、草稿をできるだけ文字どおりに再現し、文体についてはマルクス自身が変更したであろう点だけを変更し、またどうしても必要でありしかも意味上まったく疑問の余地のない場合に限って、説明のための挿入文とつなぎの文を挿入することで満足した。その解釈にほんのわずかでも疑問の余地があった文については、むしろまったく文字どおりそのまま印刷することにした。私による書き換えと挿入は、全部で一〇印刷ページにも達しておらず、それも形式的な性質のものにすぎない。

マルクスが第二部のために残した自筆の材料を数え上げるだけでも、彼がその偉大な経済学的諸発見を公表するまえに、いかに比類のない誠実さをもって、いかに厳格な自己批判をもって、それらの発見を最大限に完璧なものに仕上げようと努力したかが証明される。まさにこの自己批判のために、彼は、ただまれにしか、内容および形式からみて、叙述を新たな研究によって絶えず拡大する彼の視野に適合させるにいたらなかったのである。ところで、この材料は次のものからなっている。

(8)

まず第一に、一八六一年八月から一八六三年六月[*1]までに書かれた二三冊からなる四つ折り判〔紙を二回折ってつくられた判。二つ折りはその倍の大きさ〕一四七二[*2]ページの草稿『経済学批判』がある[*3]。これは、一八五九年にベルリンで刊行された同じ題名の第一冊〔邦訳『全集』第一三巻、三―一六三ページ参照〕の続きである。これは、一―二二〇[*4]ページ（ノート第一―五冊）において、さらにまた一一五九

—一四七二[*5]ページ（ノート第一九—二三冊）において、『資本論』第一部で研究された諸主題——貨幣の資本への転化から最後まで——を取り扱っており、これらの主題についての現存する最初の原稿である。九七三[*6]—一一五八ページ（ノート第一六—一八冊）は、資本と利潤、利潤率、商人資本と貨幣資本、すなわちのちに第三部の草稿で展開されている諸主題を取り扱っている。それにたいして、第二部で取り扱われた諸主題、およびのちに第三部で取り扱われたきわめて多くの諸主題は、まだ特別にまとめられてはいない。これらの主題は、ことに、この草稿の主体をなしている部分、すなわち二二〇—九七二[*7]ページ（ノート第六—一五冊）の剰余価値にかんする諸理論のなかで、副次的に取り扱われている。この部分は、経済学の核心である剰余価値理論の詳細な批判的な歴史を含んでおり、またそれとともに、のちに第二部および第三部の草稿で特別に、かつ論理的連関において研究されているたいていの点を、先人たちにたいする論争上の対立という形で展開している。私は、この草稿の批判的部分を、第二部および第三部によってすでに解決ずみの多くの個所をのぞいて、『資本論』第四部[*8]として公刊するために手もとにとっておくことにした。この草稿は、たいへん価値のあるものではあるが、第二部のこの版にはほとんど利用できなかった。

＊1〔新『マルクス・エンゲルス全集』（以下、新メガと略す）、第Ⅱ部、第三巻、第一分冊（一九七六年）の邦訳『資本論草稿集』4、大月書店、一三＊、四五＊、五四＊ページによれば「六月」ではなく「七月」〕

＊2〔同前訳書、五四＊ページで「一四九九ページ」と訂正〕

＊3〔このノートは、『一八六一—一八六三年草稿』と呼ばれ、新メガ、第Ⅱ部、第三巻、第一—六分冊とし

て、一九七六―一九八二年に刊行された。邦訳は、『資本論草稿集』4―9、大月書店、一九七八―一九九四年〕

＊4〔同前訳書、4、四六＊、六五＊ページで「二二九ページ」と訂正〕

＊5〔同前訳書、五四＊ページで「一四九九ページ」と訂正。ただし、一四七四―一四九九ページは白紙〕

＊6〔同前訳書、五二＊ページで「九七四ページ」と訂正〕

＊7〔同前訳書、五二＊ページで「九七三ページ」と訂正〕

＊8〔マルクスは、『資本論』の理論的な部分（第一部―第三部）に続いて、第四部として「歴史的―文献的な部分」（一八六五年七月三一日付のエンゲルスへの手紙、邦訳『全集』第三一巻、一一一ページ）を仕上げるつもりでいたが、その仕事に手をつけることはできなかった。その状況のもとで、エンゲルスは、『一八六一―一八六三年草稿』のうちの「剰余価値に関する諸学説」の主要部分を「第四部」として発行することを計画した〕

日付から見てこれに続く草稿は、第三部の草稿である。それは、少なくとも大部分が一八六四年および一八六五年に書かれている。これがだいたいにおいてできあがってのち、はじめてマルクスは、第一部すなわち一八六七年に刊行された第一巻の仕上げに着手した。この第三部の草稿を、いま私は印刷のために手を入れている。＊

＊〔こんにちでは、一八六三年八月―一八六四年夏に第一部の初稿、一八六四年後半に第三部の前半草稿（第一篇―第三篇）、一八六五年前半に第二部の第一草稿、一八六五年後半に第三部の後半草稿（第四篇以降）を執筆したと考えられている〕

次の時期――第一部刊行後――のものとしては、第二部用に、二つ折り判の草稿を四つ集めたものがあり、マルクス自身によって第一から第四までの番号がつけられている。そのうち、一八六五年ま(11)たは一八六七年のものと推定される第一草稿[*1]（一五〇ページ）は、現在の区分での第二部の最初の独立の、しかし多かれ少なかれ断片的な論稿である。これからも利用できるものはなかった[*2]。第三草稿は、一部分は引用文とマルクスの抜き書き帳への指示とを集めたもの――おもに、第二部、第一篇にかんするもの――からなっており、一部分は個々の論点の論稿、ことに固定資本および流動資本にかんする、また利潤の源泉にかんする、Ａ・スミスの諸命題の批判の論稿からなっている。さらに、剰余価値率と利潤率との関係の叙述もあるが、これは第三部に属するものである。これらの指示は、新たな収穫をほとんどもたらすものではなく、仕上げられたものは第二部用のものも第三部用のものも、その後の改訂によって用をなさなくなっており、したがってこれもまた大部分は取りのけざるをえなかった。――第四草稿[*3]は、第二部の第一篇と第二篇の最初の諸章とのすぐに印刷に回せるような論稿であり、それぞれ該当する個所で実際に利用された。これは、第二草稿よりも先に書かれたものと判明したが、形式においていっそう完全なので、第二部の当該部分のために有益に利用することができた。これは、第二草稿から若干の補足をするだけで十分であった。――第二草稿[*4]は、第二部の論稿のうちである程度まで完成している唯一のもので、一八七〇年のものである。最後の改訂のためのすぐ次に述べる覚え書きは、「第二草稿が基礎にされなければならない」と明言している。

＊1　〔新メガ、第Ⅱ部、第四巻、第一分冊（一九八八年）、所収。邦訳は中峯照悦・大谷禎之介他訳『資本の

流通過程』、大月書店、一九八二年〕

*2〔エンゲルスが第一草稿を「利用できるものはなかった」としたことは、第二部、第三部の全体にかかわる編集上の問題を残した。マルクスは、一八六五年前半に執筆したこの第一草稿のなかで、恐慌論の根本にかかわる重大な発見を行なっていた。この発見によって、恐慌が資本主義的生産様式のもとでは周期的に起こる循環の一局面であることが明らかになり、恐慌を革命的危機の根拠とした「恐慌＝革命」説や、利潤率の低下法則を資本主義の危機と結びつける論述などが、マルクス自身によってのりこえられることになった。またこの発見を転機に、『資本論』の構成そのものについても、資本、賃労働、土地所有を独立の部門とする初期の構想の変更をはじめ、根本的な再編成が行なわれることになった〕

*3〔新メガ、第Ⅱ部、第四巻、第三分冊（二〇一二年）、所収〕

*4〔新メガ、第Ⅱ部、第一一巻（二〇〇八年）、所収〕

一八七〇年以後、ふたたび休止が生じたが、それはおもに病状のためであった。いつものようにマルクスは、この時期をもろもろの研究にあてた。農学、アメリカおよびことにロシアの農村事情、貨幣市場と銀行制度、最後に自然諸科学——すなわち地質学と生理学、またとくに独立の数学的研究——これらのものがこの時期の多数の抜き書き帳の内容をなしている。[*1] 一八七七年のはじめ、彼は、ふたたび自分の本来の仕事に着手できるまでに健康が回復したことを感じた。第二部の新稿の基礎をなすものとしての、上記の四つの草稿からの指示と覚え書きは、一八七七年三月末から始まっており、この新稿の冒頭が第五草稿（二つ折り判五六ページ）にある。これははじめの四章を含んでいるが、まだほとんど仕上げられてはいない。本質的な諸論点が本文の下の注で取り扱われている。[*2] 素材が集められているだけで選別されてはいないが、しかしこれが第一篇のこのもっとも重要な部分の最後の完全な叙述である。——これから印刷に回しうる原稿をつくろうとする最初の試みが、第六草稿（一八七七年一〇月以後、一八七八年七月以前）にある。これは、第一章の大部分を含んでいるが、四つ折り判で一七ページにすぎない。第二の——最後の——試みは「一八七八年七月二日」〔付〕の第七草稿にあるが、これは二つ折り判で七ページにすぎない。*3

*1〔ロシアにかんする抜き書きの全容は、『マルクス＝エンゲルス・アルヒーフ』、第一一（一九四八年）、第一二（一九五二年）、第一三（一九五五年）、第一六（一九八二年）巻にロシア語で、また『数学手稿』はドイツ語とロシア語対比の単行本として発表され（一九六八年）、後者は邦訳されている（菅原仰訳『マルクス　数学手稿』、大月書店、一九七三年）〕

*2〔マルクスは、草稿の各ページの上半分に本文を書き、下には注や追記を書くやり方をした〕

*3〔四つの草稿からの指示と覚え書き、第五—第八草稿までの各草稿は、その他の断稿とともに、新メガ、第Ⅱ部、第一一巻に収録されている〕

(12)　このころ、マルクスには、自分の健康状態の完全な革命なしには自分自身で満足のいく第二部と第三部との改稿を完了するまでにはとうていいたらないだろう、ということがわかったように思われる。事実、第五—八草稿には、意気阻喪させる病状としゃにむにたたかった痕跡があまりにもしばしば見られる。第一篇のもっとも困難な部分は第五草稿で新たに書き改められた。第一篇の残りの部分と第二篇全体（第一七章をのぞく）には、たいした理論的困難はなかった。これに反して、第三篇、社会的資本の再生産と流通は、彼にはどうしても書き直しが必要だと思われた。というのは、第二草稿では再生産が、まずもって、それを媒介する貨幣流通を顧慮することなしに取り扱われ、次にもう一度、これを顧慮して取り扱われていたからである。このようなことは取りのぞかれ、またこの篇全体が一般に著者の拡大された視野に照応するように書き直されるべきであった。こうしてできあがったのが第八草稿で、＊これは四つ折り判でわずか七〇ページの一冊である。しかし、これだけのページにマルクスがどれだけのものを凝縮することができたかは、印刷された第三篇から、第二草稿からの挿入部分を差し引いて比較してみればわかる。

＊〔第八草稿の邦訳には、大谷禎之介『資本論草稿にマルクスの苦闘を読む』、桜井書店、二〇一八年、所収のものがある〕

この草稿〔第八草稿〕も対象の暫定的な論述にすぎず、ここでは、新たに述べるべきことのない諸点はかえりみずに、第二草稿に比べて新たに獲得された諸観点を確立し展開することがとりわけ重要であった。もともといくらか第三篇にはいり込む第二篇第一七章の重要な一部分も、再度取り上げられより詳しく論じられている。論理的つながりは何度か中断され、論述はところどころ脱漏があり、ことに結びはまったく断片的である。しかし、マルクスの言おうとしたことは、あれこれの仕方でこのなかで述べられている。

以上が第二部の材料であって、没する少し前に、マルクスが娘エリナーに言った言葉に従って、それをもとにして私が「いくらかよいものをつくる」ことになっていたのである。私はこの委託をそのもっとも狭い限界内で引き受けた。とにかくできる限り、私は、自分の仕事をさまざまな改稿からただ選択することだけに限定した。しかも、つねに、現存する最後の改稿を以前のものと比較して基礎にすえるようにした。そのさい、第一篇と第三篇だけは真の困難、すなわち単なる技術的困難とは異なる困難をもたらしたが、しかもそれは小さいものではなかった。私はこの困難を、もっぱら著者の精神にもとづいて解決しようと努めた。

本文中の引用文は、事実の例証の場合、または、A・スミスからの引用文のときのように、ことがらの根本を究めようとする人のだれにでも原文が利用できる場合には、私はおおかた〔ドイツ語に〕翻訳しておいた。ただ第一〇章ではそれができなかった。なぜなら、この章では直接に英語の原文が批判されているからである。——第一部からの引用文には、マルクスの存命中の最後の版である第二版のページ数をつけておく。(13)

第三部用として存在するのは、『経済学批判』という草稿のなかの最初の論述、第三草稿のなかの前述の諸部分、および抜き書き帳のなかにときおり散在している若干の簡単な覚え書きのほかには、ただ、第二部の第二草稿とほぼ同じ完全さで仕上げられている前述の一八六四—一八六五年の二つ折り判の草稿と、最後に、数学的に（等式を用いて）展開された〔一〕剰余価値率と利潤率との関係〔二〕という一八七五年の一冊だけである。この第三部を印刷に回す準備は急速に進行している。いままでのところで私に判断できる限りでは、もちろん若干のきわめて重要な篇は例外であるが、この準備には主としてただ技術的な困難があるだけであろう。*

＊〔第三部の編集作業は、このエンゲルスの予測どおりには進まず、一八九三年までかかることになった。その経緯については、本書、第三巻、序言を参照〕

ここで、マルクスにたいする一つの非難を撃退しておかなければならない。それは、最初はただ小声でちらほらと放たれたにすぎなかったが、マルクス没後のこんにちでは、ドイツの講壇社会主義者および国家社会主義者、＊ならびにその追随者によって既成事実であると明言されているもの――すなわちマルクスがロートベルトゥス〔一八〇五―一八七五年、ドイツの経済学者〕を剽窃《ひょうせつ》したかのように言う非難がそれである。私は、すでに他の個所でこれについてもっとも緊要なことは述べておいたが、(一)ここではじめて決定的な証拠を提出することができる。

(一)『哲学の貧困。プルードンの「貧困の哲学」にたいする返答』、カール・マルクス著、E・ベルンシュタインおよびK・カウツキーによるドイツ語訳、シュトゥットガルト、一八八五年、への序文において〔邦訳『全集』第四巻、五七四―五八七ページ参照〕。

＊〔一八七〇年代に成立したドイツのブルジョア経済学の一派で、大学教授や官僚、財界人からなり、社会改良政策によって資本主義社会の危機と没落を阻止できるとした。彼らは国家を超階級的存在であるとし、結局ビスマルクの鉄道国営や火酒・タバコの専売を国家社会主義と賛美して、「ビスマルク的国家社会主義の単なる弁護論者」（エンゲルス）に成り下がった。グスタフ・シュモラー、アードルフ・ヴァーグナー、ルーヨ・ブレンターノらが代表者〕

私の知る限りでは、この非難がはじめて見いだされるのは、R・マイアーの『第四身分の解放闘争』〔ベルリン、一八七四年〕四三ページにおいてである――「マルクスが、これらの刊行物」（一八三〇年代の後半までさかのぼるロートベルトゥスの刊行物）「から彼の批判の大部分をくみ取ったことは、証明可能である」と。これ以上の証明がない限り、私は、この主張の「証明可能性」のすべては、ロートベルトゥスがこのことをマイアー氏に確言したことにある、と考えてよいであろう。――一八七九年にはロートベルトゥス自身が舞台に現われて〔彼の遺稿の出版をさす〕、彼の著書『わが国家経済の現状認識のために』（一八四二年）〔平瀬巳之吉訳『国家経済の現状認識のために』、世界古典文庫、日本評論社、一九四八年〕にかんし、J・ツェラー宛の手紙〔一八七五年三月一四日付〕（チュービンゲンの
(14)
『総合国家学雑誌』、一八七九年、二一九ページ）のなかで次のように書いている――「あなたは、それ」[*1]〔前記の著書のなかで展開された考え方〕「がすでにマルクスによってまったく巧妙に……もちろん私の名をあげることなしに利用されているのを見いだされるでしょう」と。事実また、彼の遺稿編集者のTh・コーツァクは、無造作にこの口まねをしている（ロートベルトゥス『資本』、ベルリン、一八八四年、序文、XVページ〔平瀬巳之吉訳、世界古典文庫、日本評論社、一九四九年、二〇ページ〕）。――最後に一八八一年にR・マイアーによって編集刊行された『ロートベルトゥス－ヤゲツォー博士の書簡および社会政策論集』〔ベルリン、第一巻、一八八二年〕のなかでロートベルトゥスはあけすけに次のように言っている――「きょう、私はシェッフレ〔ドイツの俗流経済学者〕とマルクスとによって、私の名をあげることなしに、私のものが剽窃されていることを知った」（書簡第六〇号、一三四ペー

ジ）と。そして、もう一つの個所ではロートベルトゥスの主張はもっとはっきりした姿をとっている――「資本家の剰余価値がなにから生じるかを、私は、私の第三社会書簡[*2]のなかで、本質的にはマルクスと同じやり方で、ただしもっと簡単明瞭に、示しておいた」（書簡第四八号、一一一ページ）と。

*1 〔本訳書の第二巻では、原書で使われている角括弧を〔〕で示した〕

*2 〔『フォン・キルヒマン宛の社会的書簡――第三書簡。リカードウ地代論の論駁と新賃料論の基礎づけ』、ベルリン、一八五一年（山口正吾訳『改訳　地代論』、岩波文庫、一九五〇年）〕

剽窃にかんするこれらすべての非難については、マルクスはまったくなにも知らなかった。『解放闘争』の彼の所蔵本のなかでページが切られていたのは、インタナショナルにかんする部分だけで、そのほかのページは、彼の没後に私自身がはじめて切ったのである。チュービンゲンの雑誌は、彼は一度も見はしなかった。R・マイアー宛の〔前記の〕『書簡……』もやはり彼は知らずに終わった。そして、「剽窃」にかんする個所には、私は一八八四年になってはじめて博士マイアー氏自身の好意により注意を促されたのである。[*]それにたいして、書簡第四八号はマルクスも知っていた。マイアー氏が親切にもマルクスの末娘〔エリナー〕に原文を贈っていたのである。マルクスの批判の秘密の源泉はロートベルトゥスに求められる、といういささかいわくありげなうわさを確かに耳にしていたマルクスは、この書簡を私に示して言った――これで、ロートベルトゥス自身が要求していることについて、ようやく信ずべき情報が手にはいった。ロートベルトゥスがこれ以上になにも主張しなければ、自分、すなわちマルクスにとってはそれで結構だ。また、ロートベルトゥスが自分自身の叙述のほうがもっと簡単明瞭だと考えているのなら、彼にそう満足させておいてもかまわない、と。実際、マルクスはこのロートベルトゥスの書簡によって事はすべてかたづいたと考えた。

＊〔ドイツの保守的政治家ルードルフ・マイアーは、ビスマルクに反対したため投獄され、パリ、ヴィーンに亡命。マルクス、エンゲルス、ラファルグらと交際した〕

(15)

私が確実に知っているところでは、彼自身の経済学批判が大綱のみでなくもっとも重要な細目もできあがっていた一八五九年ごろまで、ロートベルトゥスの全文筆活動を知らずにいただけに、彼がそう考えたのも無理はない。彼はその経済学研究を、一八四三年にパリで、偉大なイギリス人たち〔スミス、リカードウ、ジェイムズ・ミルら〕とフランス人たち〔セー、デスチュト・ド・トラシら〕から始めたのであって、ドイツ人についてはラウとリストしか知らず、しかもこの両人にはもううんざりであった。マルクスも私も、ロートベルトゥスの存在については、われわれが一八四八年に『新ライン新聞』でベルリン選出議員としての彼の演説と〔文部〕大臣としての彼の行動を批判しなければならなくなるまでは、[*1]ひとことも聞いたことがなかった。われわれは、ライン選出の議員たちに向かって、このように突然に大臣になったロートベルトゥスとはいったいなにものなのか、と尋ねたほどなにも知らなかった。しかし、この議員たちも、ロートベルトゥスの経済学上の著述については、なにも教えてくれることはできなかった。それにたいして、当時すでにマルクスが、ロートベルトゥスの助けを待たないでも、「資本家の剰余価値が生じるのは」なにからかということのみでなく、どのようにしてそれが生じるのかということもきわめてよく知っていたことは、一八四七年の『哲学の貧困』[*2]や、一八四七年にブリュッセルで行なわれて一八四九年に『新ライン新聞』第二六四―二六九号に発表された賃労働と資本にかんする講演[*3]がそれを証明している。マルクスは、一八五九年ころ、ラサールを通じてはじめてロートベルトゥスという経済学者もいるということを知ったのであり、またその後、大英博物館で彼の『第三社会書簡』を見いだしたのである。

＊1 〔「ハンゼマン内閣」「協定討論」など。邦訳『全集』第五巻、九六―九七、一五七ページなど〕
＊2 〔邦訳『全集』第四巻、五九―一九〇ページ〕
＊3 〔邦訳『全集』第六巻、三九二―四一九ページ〕

これがその事実関係である。では、マルクスがロートベルトゥスから「剽窃」したと言われるその内容はどうか？　「資本家の剰余価値がなにから生じるかを」――とロートベルトゥスは言う――「私は、私の第三社会書簡のなかで、マルクスと同じやり方で、ただしもっと簡単明瞭に、示しておいた」。したがって、核心は剰余価値論である。また、実際、そのほかになにか、ロートベルトゥスがとにかく自分のものとしてマルクスに異議を申し立てできるようなものがあるとは、とうてい言えない。すなわち、ロートベルトゥスは、ここで、剰余価値論の真の創始者は自分であり、マルクスはそれを自分から剽窃したのだ、と宣言しているのである。

では、第三社会書簡は剰余価値の発生についてわれわれになにを語っているか？　単に次のようなことである――彼が地代と利潤とを一括して呼ぶところの「賃料《レンテ》」は、商品の価値への「価値追加」から生じるのではなく、「労賃のこうむる価値控除の結果として、言い換えれば、労賃が生産物の価値の一部分にしか達しないから」〔山口訳『改訳　地代論』、岩波文庫、一〇二―一〇三ページ〕生じるのであり、そして労働の生産性が十分な場合には、〔彼らの〕労賃が「彼らの生産物の自然的交換価値に等しくなくてもよいので、彼らの生産物の自然的交換価値のうち資本補填」（！）「と賃料のための分が残ることで」〔同前訳、一〇二ページ〕生じるのである。その場合、「資本補填」――すなわちおそらくは原料と道具摩滅との補填――のためになにも残らないような、生産物の「自然的交換価値」がどんなものであるかは、語られない。

　幸いなことに、われわれは、ロートベルトゥスのこの画期的な発見がマルクスにどんな印象を与え
(16) たかを確かめることができる。『経済学批判』という草稿のノート第一〇冊、四四五ページ以下[*1]に「余論。ロートベルトゥス氏。新しい地代論」というのが見いだされる。ここではこの観点のもとでのみ第三社会書簡が考察されている。ロートベルトゥスの剰余価値論一般が次のような皮肉な言葉でかたづけられる――「ロートベルトゥス氏は、まず、土地所有と資本所有とが分離されていない国ではどのようであるかを研究し、次に、賃料（彼の言う賃料とは剰余価値全体のことである）は単に不払労働、または不払労働を表わす生産物量に等しいという重要な結論[*2]に到達する」と。

＊1〔『一八六一―一八六三年草稿』、邦訳『資本論草稿集』6、大月書店、五ページ以下。邦訳『全集』第二六巻、第二分冊、三ページ以下〕

＊2〔草稿では、「重要な」は「正しい」となっている〕

ところで、資本主義的な人類はすでに何世紀にもわたって剰余価値を生産してきており、しだいに

剰余価値の発生について考究するようにもなった。最初の見解は、剰余価値は生産物の価値への付加から生じるという、直接的な商人的実践から生じる見解であった。この見解は重商主義者のあいだで支配的であったが、すでにジェイムズ・スチュアトは、その場合には一方の人が得るものを他方の人は必ず失わざるをえない、ということを洞察した。それにもかかわらず、この見解はなお久しく、ことに社会主義者のあいだで生き続ける。しかしそれは、A・スミスによって古典派経済学から駆逐される。

スミスは、『諸国民の富』第一篇、第六章で言う――「資本《ストック》が個々人に蓄積されるやいなや、彼らのうちの若干の者は、勤勉な人々を労働に就かせるために自然にそれを使用し、彼らの労働の生産物の販売によって、または彼らの労働がかの原料の価値につけ加えたものによって、利潤をあげるために、彼らに原料や生活手段を供給するようになる。……労働者たちが原料につけ加える価値は、ここでは二つの部分にみずからを分解するのであって、その一方は彼らの賃銀を支払い、他方は雇い主の前払いした原料と労賃との全額にたいする雇い主の利潤を支払うのである」〔大内兵衛・松川七郎訳、岩波文庫、㈠、一九五九年、一八六―一八七ページ〕。また、少し先のところで言う――「ある国の土地がことごとく私有財産になるやいなや、地主たちも、他の人々と同様に、自分が種をまかないところで収穫することを好み、土地の自然の生産物にたいしてさえ地代を要求する。……労働者は……自分の労働が採集または生産したものの一部分を地主に引き渡さなければならない。この部分が、または、同じことであるが、この部分の価格が、地代を形成する」〔同前訳、㈠、一八九―一九〇ページ〕。

この個所について、マルクスは前述の草稿『経済学批判』の二五三〔―二五四〕ページ[*1]で述べる
(17)――「したがって、A・スミスは、剰余価値を、すなわち、遂行されて商品に対象化されている労働[*2]のうち支払われた労働を超える――その等価物を賃銀として受け取った労働を超える――超過分である剰余労働を一般的カテゴリーとしてつかみ、本来の利潤と地代とはそれの分枝にすぎないとしている」と。

＊1 〔『資本論草稿集』5、大月書店、七二ページ。邦訳『全集』第二六巻、第一分冊、六六ページ〕

＊2 〔草稿では「実現されている」となっている〕

さらにA・スミスは第一篇、第八章で言う――「土地が私有財産になるやいなや、地主は、労働者がその土地で生産または採集することのできるほとんどすべての生産物の分け前を要求する。彼の地代は、土地に使用される労働の生産物からの第一の控除をなす。しかし、土地の耕作者が収穫物を刈り入れるまで自分を維持する資力をもっていることは、まれである。彼の生活維持費は、通例は雇い主、すなわち借地農場経営者の資本《ストック》から彼に前貸しされるのであって、この雇い主は、彼〔耕作者〕の労働の生産物をともに分け合うのでなければ、または自分の資本が利潤とともに回収されるのでなければ、彼を雇うことには少しも関心をもたないであろう。この利潤が、土地に使用される労働〔の生産物〕からの第二の控除をなす。ほとんどすべての〔他の〕労働の生産物もまた、利潤のための同じような控除を受ける。すべての産業において、大部分の労働者は、仕事を終えるまで原料と労賃と生活維持費とを前貸ししてくれる雇い主を必要とする。この雇い主は、労働者の労働の生産物を、また

はこの労働が加工される原料につけ加える価値を、労働者たちと分け合うのであって、この分け前こそ彼の利潤をなすのである」〔同前訳、㈠、一三一―一三二ページ〕。

これについてマルクスは述べる（草稿、二五六ページ）*――「すなわち、ここではA・スミスは、あけすけに、地代と資本の利潤とは、労働者の生産物からの、または彼によって原料につけ加えられた労働〔量〕に等しい彼の生産物の価値からの、単なる控除であると言う。しかし、この控除は、A・スミスがまえにみずから説明しているように、労働者の賃銀を支払うだけの、または彼の賃銀の等価物を提供するだけの労働量を超えて、労働者が素材につけ加える労働部分から――すなわち彼の労働の不払部分である剰余労働から――のみ成り立ちうる」と。

＊〔『資本論草稿集』5、大月書店、七六ページ。邦訳『全集』第二六巻、第一分冊、七〇ページ〕

したがって、A・スミスは、「資本家の剰余価値がなにから生じるのか」を、それにくわえて地主の剰余価値がなにから生じるのかをすでに知っていたのである。マルクスはこのことをすでに一八六一年に率直に承認しているのに、ロートベルトゥスや、国家社会主義という温かい夏雨を受けてキノコのように生え出る彼の崇拝者の群れは、このことをすっかり忘れてしまっているらしい。

マルクスは続けて言う――「にもかかわらずスミスは、剰余価値そのものを独自なカテゴリーとして、それが利潤および地代という形で受け取る特殊な諸形態から区別することをしなかった。そのため彼にあっては、またリカードウにあってはなおのこと、研究上の多くの誤謬《ごびゅう》と欠陥とが生じたのである」*と。――この文章は、文字どおりロートベルトゥスにあてはまる。彼の「賃料」は、ただ単

(18)に地代プラス利潤の総計でしかない。彼は、地代についてはまったく誤った理論をつくりあげ、利潤については先人のもとに見いだされるがままのものを吟味もせずに取り入れる。——これに反して、マルクスの言う剰余価値は、生産諸手段の所有者によって等価なしに取得される価値総額の一般的形態であって、この形態が、マルクスによってはじめて発見されたまったく独自な諸法則に従って、利潤および地代という、特殊な転化された諸形態に分裂するのである。これらの法則は第三部で展開されるのであり、そこではじめて、剰余価値一般の理解から、利潤および地代への剰余価値の転化の理解に——したがって資本家階級内部での剰余価値の分配の諸法則の理解に——到達するためには、どれだけの中間項が必要であるか、が明らかにされる。

＊〔『資本論草稿集』5、大月書店、七二ページ。邦訳『全集』第二六巻、第一分冊、六六ページ〕

リカードウはすでにA・スミスよりもはるかに先へ進んでいる。彼は、その剰余価値の把握を、新たな価値論——A・スミスの場合には確かにすでに萌芽としては存在するが論述のさいはほとんどいつも忘れられている——の上に築いており、この価値論はそれ以後のすべての経済学の出発点となった。彼は、商品に実現された労働量による商品価値の規定から、労働によって原料につけ加えられた価値分量の、労働者と資本家とのあいだへの分配、労賃と利潤（すなわちここでは剰余価値）とへのその分裂を、導き出す。彼は、この両部分の比率がどんなに変動しても商品の価値は不変であることを証明し、この法則について彼は少数の例外を認めるにすぎない。それどころか、彼は、たとえ一般的にすぎる文言でではあっても、労賃と剰余価値（利潤という形態でとらえられた）との相互関係にかんする若干の主要法則をも確立し（マルクス『資本論』、第一巻、第一五章、A〔本訳書、第一巻、九〇四―九一〇ページ〕）、また地代を、一定の事情のもとで得られる、利潤を超える超過分として証明している。――これらの点のどの一つにおいても、ロートベルトゥスはリカードウを越え出てはいない。リカードウ学派を破滅させたリカードウ学説の内的諸矛盾は、ロートベルトゥスにはまったく知られないままであったか、または、ただ彼を惑わせて経済学的解決にではなくユートピア的要求（『わが国家経済の現状認識のために』、前出、一三〇ページ〔平瀬訳、一六二ページ以下。国家による経済の指導をさす〕）にいたらせたにすぎなかった。

しかし、価値および剰余価値にかんするリカードウの学説が社会主義的に利用されるためには、ロートベルトゥスの『現状認識のために』を待つ必要はなかった。『資本論』第一巻（第二版）の六〇九ページ〔本訳書、第一巻、一〇二三ページ〕には、〔Ch・W・ディルク〕『国民的苦難の根源と救済策。ジョン・ラッセル卿への手紙として』、ロンドン、一八二一年、という一冊の著作から、「〝剰余生産物または資本の所有者〟」という句が引用されている。(19) この著作は、〝剰余生産物または資本〟という一表現からしてすでにその意義に注意が向けられるべきであったものであり、マルクスによって忘却から救い出された四〇ページのパンフレットであるが、そのなかには次のように述べられている――「資本家の手に帰すべきものがなんであろうとも」〔資本家の立場から見て〕「労働者は生きていかなければならないのであるから、資本家はつねにただ労働者の剰余労働《サープラス・レイバー》を取得することができるだけである」（一二三ページ）。しかし、労働者がどのように生きていくか、したがって、資本家によって取得される剰余労働がどれほどの大きさでありうるかは、きわめて相対的である。「もし資本が量における増加に比例して価値を減少しないとすれば、資本家は、労働者が生きていくことのできる最低限を超える各労働時間の生産物を労働者からしぼり取るであろう。……資本家は〔……〕結局、労働者に言うことができる、君はパンを食べてはならない、というのは〔……〕人間は飼料用ビートとジャガイモとで生きていくことができるのだから、と。そして、われわれはもうそこまできているのである」（二三、二四ページ）。「もし労働者にパンの代わりにジャガイモを食べて生活するようにさせることができるならば、彼の労働からもっと多くのものがしぼり出されうる、ということは争う余地なく確かである。すなわち、労働者がパンで生きていくためには自分と家族との維持のために月曜日と火曜日との労働を自分のためにとっておくことが必要であったとすれば、ジャガイモ食の場合には月曜日の半分だけを自分のために保持することになるであろう。そして、月曜日の残り半分と火曜日の全部とが国家の役に立つためかまたは資本家のために遊離される」（二六ページ）。「資本家に支払われる利子は、その姿態が地代であろうと貨幣利子であろうと事業利潤であろうと、他人の労働から支払われるということは、異論のないところである」（二三ページ）と〔蛯原良一訳、同著『資本蓄積と失業・恐慌――リカードゥ、マルクス、マルサス研究』、法政大学出版局、二〇〇四年、二七一、二七二、二七六ページ〕。すなわち、ここに見られるものはまったくロートベルトゥスの言う「賃料」にほかならず、ただ「賃料」の代わりに利子と言っているだけである。

これについてマルクスは次のように言う（草稿『批判』、八五二ページ）[*1]――「このほとんど世に知られていないパンフレット――あの『信用のできない靴直し』[*2] マカロックが世間の注目を引きはじめたころに現われたそれ――は、リカードウを乗り越える一つの本質的な進歩を含んでいる。このパンフレットは、剰余価値またはリカードウの言う『利潤』（しばしば剰余生産物《サープラス・プロデュース》とも言う）、またはこのパンフレットの著者の言う利子《インタレスト》を、直接に、剰余労働《サープラス・レイバー》として、すなわち、労働者が無償で行なう労働、彼の労働力の価値が補填される――したがって彼の賃銀の等価物が生産される――労働量を超えて労働者が行なう労働として示している。価値を労働に帰着させることはたいへん重要であったが、剰余生産物《サープラス・プロデュース》で表わされる剰余価値《サープラス・ヴァリユー》を剰余労働《サープラス・レイバー》に帰着させることも[*3]たいへん重要であった。このことは、事実上A・スミスの場合にもすでに言われており、またリカードウの展開において一つの主要契機をなしている。しかし、彼らの場合にはそれはどこでも絶対的形態で言明も確定もされていない」と。さらに草稿の八五九ページ[*4]では次のように言う――「さらにこの著者は、自分が目の前に見いだすがままの経済学的諸カテゴリーにとらわれている。リカードウの場合に剰余価値と利潤との混同が好ましくない矛盾に導くのとまったく同様に、この著者の場合には剰余価値を資本利子と名づけることがそのような矛盾に導く。確かに、彼は、第一に、いっさいの剰余価値を剰余労働に還元している点で、また、剰余価値を資本利子と呼びながらも、同時に、〝資本利子〟を剰余労働の一般的形態と解して、剰余労働の特殊な諸形態である地代や貨幣利子や事業〔産業〕利潤とは区別することを強調している点で、リカードウにまさっている。〔……〕しかし、彼は、これらの特殊な諸形態のうちの一つの名称である〝利子〟を、ふたたび一般的形態の名称として採用している[*5]。そして、このことだけでも、彼をまた経済学的たわごと」〔草稿では〝俗語《スラング》〟となっている〕「に逆もどりさせてしまうのである」。

＊1 〔『資本論草稿集』7、大月書店、二八八ページ。邦訳『全集』第二六巻、第三分冊、三一三ページ〕

＊2 〔スコットランドの詩人で政論家のジョン・ウィルスンがM・マリオンの匿名で書いた『マカロック氏の経済学原理の若干の例解』、エディンバラ、一八二六年で、マカロックの剽窃と売文を特徴づけてこう呼んだ。なお、マルクスが「靴直し」の原語として草稿に引用している英語には「へぼな職人」という意味がある〕

＊3 〔草稿では「剰余労働として示すこと」となっている〕

＊4 〔『資本論草稿集』7、大月書店、三〇九―三一〇ページ。邦訳『全集』第二六巻、第三分冊、三三三―三三四ページ〕

＊5 〔草稿では「一般的形態のために」となっている〕

この最後の文章は、わがロートベルトゥスにぴったりあてはまる。彼もまた、自分が目の前に見いだすがままの経済学的諸カテゴリーにとらわれている。彼もまた、剰余価値を、それの転化した二次的形態の一つの名称――賃料――で呼び、なおそのうえにこの名称をまったく不確定なものにしている。この両方のしくじりの結果、彼はふたたび経済学的たわごとにおちいり、リカードウを越えた自分の進歩をさらに批判的に推し進めるのではなく、かえって、自分の未完成な理論を、それがまだ卵殻を脱しないうちに一つのユートピア――彼のもちだすそれは、いつものように時期遅れである――の基礎にするという邪道におちいっているのである。あのパンフレットは一八二一年に現われたのであり、一八四二年のロートベルトゥスの「賃料」論にすでに完全に先んじている。

このパンフレットは、〔一八〕二〇年代にリカードウの価値および剰余価値論をプロレタリアートのために資本主義的生産に反対するものに逆転させて、ブルジョアジー自身の武器でブルジョアジーとたたかう文献全部の最前線の歩哨にすぎない。オウエンの共産主義全体は、経済学的論戦として登場する限りでは、リカードウに依拠している。しかし、リカードウのほかになおたくさんの文筆家連中がいるのであり、マルクスはすでに一八四七年に、そのうちから、プルードンにたいして（『哲学の貧困』、四九ページ〔邦訳『全集』第四巻、九七ページ〕）エドモンズ、トムスン、ホジスキン等々の数人だけをあげ、「このほか四ページにもおよぶその他」があげられると言っている。これら無数の著作のうちから手近な一冊だけ、ウィリアム・トムスンの『人類の幸福にもっとも有益な富の分配の諸原理の研究*』、新版、ロンドン、一八五〇年、を取り出してみよう。一八二二年に執筆されたこの著作(21)は、一八二四年にはじめて公刊された。この書のなかでも、非生産階級によって取得される富は、どこにおいても労働者の生産物からの控除として示され、しかもそれがかなり強い表現でなされている。「われわれが〔上流〕社会と呼んでいるものの不断の努力は、欺瞞や誘導、恐怖や強制によって、生産的労働者を、彼自身の労働の生産物のできるだけ小さい部分を代償に労働させることであった」（二八ページ）。「なぜ労働者は、自分の労働の生産物の完全な全体を受け取ってはいけないのか？」（三二ページ）。「資本家たちが生産的労働者から地代または利潤という名称で奪い取るこの報酬は、土地その他の対象の使用料として要求される。……自分の生産能力のほかにはなにももっていない無産の生産的労働者が、自分のこの生産能力を行使しうるための対象または手段である物質的素材はすべて、自分の利害と対立する他人の所有物であり、これらの他人の同意は彼の活動の一つの前提条件であるから、だから、資本家たちが、労働者自身の労働の果実のどれだけの部分をこの労働の代償として彼に与えようとするかは、これらの資本家たちの慈悲に左右されるのではないのか？　また左右されざるをえないのではないのか？」（一二五ページ）。「……手元に保留される生産物が租税と呼ばれようと利潤と呼ばれようと盗品と呼ばれようと、それの大きさに比例して……これらの控除分は」（一二六ページ）うんぬん。

＊〔鎌田武治訳『富の分配の諸原理』１・２、京都大学学術出版会、二〇一一、二〇一二年。同訳書は、一八二四年版の翻訳であり、エンゲルスの引用個所は、同書１、五五、六一—六二、二四六—二四七、二四八ページにあたる〕

白状するが、私は、ある種のはずかしさを感じながらこれら数行を書いている。二〇年代および三〇年代のイギリスの反資本主義的文献は、マルクスがすでに『哲学の貧困』のなかで直接にこれを指摘し、またそのうちのいくつか——一八二一年の前記のパンフレット、レイヴンストン、ホジスキンなど——を『資本論』の第一巻のなかでたびたび引用しているにもかかわらず、ドイツではそれがまったく知られていないということ、それはまだがまんしてもよい。しかし、「真に、なにものも学んでいない」[*1]、絶望的にロートベルトゥスの上衣のすそにしがみついている〝俗流文筆家〟だけでなく、「学識を鼻にかける」顕官の教授[*2]までが、すでにA・スミスやリカードウの著書に書いてあることさえ、マルクスがロートベルトゥスから盗んだと言って本気で非難するほどまでに、自分の古典派経済学を忘れてしまっているということ――これは、公認の経済学がこんにちどんなにひどく堕落してしまっているかを証明している。

*1 〔フランス大革命後またはブルボン王政復古後の亡命貴族について、政治家タレランが言ったとされる言葉、「彼らは三〇年このかたなにものも学ばず、なにものも忘れていない」（タレラン『失われた記録』、一四七ページ）から。エンゲルスは、ハイネの詩「青春牡猫的音楽クラブ」の一節を引用している（井上正蔵訳『ハイネ全詩集』V、一九七三年、角川書店、一二六ページ）〕

*2 〔貨幣金融論をはじめ、『経済学教科書』の大著で、財政や社会問題などを扱ったベルリン大学教授アードルフ・ヴァーグナーをさす。講壇社会主義を代表する俗流経済学者〕

それでは、マルクスは剰余価値についてどんな新しいことを言ったのか？　ロートベルトゥスを含めマルクス以前のすべての社会主義的先行者の諸理論が、影響もなく消えてしまったのに、どうしてマルクスの剰余価値論が青天の霹靂《へきれき》のように落ちてきたのか、それもすべての文明国において？

化学の歴史は、そのことを一つの例によってわれわれに示すことができる。

周知のように、前世紀（一八世紀）の末にはまだ燃素《フロギストン》説が支配していたが、それによれば、すべて(22)の燃焼の本質は、燃焼物体から他の仮説的物体――すなわち燃素という名で呼ばれた絶対的可燃物質――が分離することにあった。この説は、ときにはこじつけでなくもなかったが、当時知られていたたいていの化学的諸現象を説明するには十分であった。ところが、一七七四年にプリーストリー（イギリスの化学者〕が一種の気体を析出して、「それに比べれば普通の空気もすでに不純に見えるほどにそれが純粋である――すなわち燃素を含んでいない――ことを、彼は見いだした」。彼はそれを無燃素気体と名づけた。その後まもなくスウェーデンのシェーレ〔化学者〕が同じ気体を析出して、それが大気中に現存することを証明した。彼はまた、その気体のなかまたは普通の空気のなかで物体を燃焼させればその気体が消滅することを発見し、そこでその気体を火気体と名づけた。「そこでこれらの結果から、彼は、燃素が空気の一成分と結合するさいに」〔すなわち燃焼のさいに〕「生じる化合物は火または熱にほかならず、それがガラスを通して逃げ去るという結論を引き出した[二]」。

（二）ロスコウ、ショルレマー〔共著〕『詳説化学教科書』、ブラウンシュヴァイク、一八七七年、第一巻、一三、一八ページ。

プリーストリーもシェーレも酸素を析出したのであるが、彼らは自分たちがなにを手にしたのかわからなかった。彼らは「眼前に見いだすがままの」燃素説的「諸カテゴリーに依然としてとらわれていた」。燃素説的全観点をくつがえして化学を革命するはずの元素も、彼らの手のなかでは実を結ばずに終わった。しかし、プリーストリーは自分の発見をその後すぐパリでラヴォワジエ〔フランスの化学者〕に伝えたのであり、そこでラヴォワジエはこの新事実をよりどころに燃素化学全体を研究し、この新気体は新しい化学元素であること、燃焼においては不可思議な燃素が燃焼物体から出て行くのではなく、この新元素が燃焼物体と化合することをはじめて発見し、こうして、燃素説形態ではさか立ちしていた全化学をはじめて脚で立たせた。そして、彼は、彼がのちに主張しているように、他の二人と同時に、しかも彼らとは無関係に、酸素を析出したのではないとしても、やはり依然として彼は、酸素をただ析出しただけで自分たちがなにを析出したかに感づきもしなかった二人と比較すれば、酸素の真の発見者なのである。

剰余価値論でのマルクスとその先行者たちとの関係は、ラヴォワジエとプリーストリーおよびシェーレとの関係と同じである。われわれがいま剰余価値と呼んでいる生産物価値部分の存在は、マルクスよりもずっとまえから確認されていた。同じく、それがなにからなっているかということも、すなわち、それにたいして取得者がなんの等価物も支払っていない労働の生産物からなっているということも、多かれ少なかれ明瞭に述べられていた。しかし、それ以上には出なかった。一方の人々――古典派ブルジョア経済学者たち――は、せいぜい、労働生産物が労働者と生産諸手段所有者とのあいだに分配される量的関係を研究しただけであった。他方の人々――社会主義者たち――は、この分配が不公平なことを見いだし、この不公平を除去するためのユートピア的諸手段をさがし求めた。両者とも依然として、自分たちが眼前に見いだしたままの経済学的カテゴリーにとらわれていた。(23)

そこへマルクスが登場した。しかも彼のすべての先行者たちに直接に対立して。先行者たちが解答を見ていたところに、マルクスはただ問題だけを見た。マルクスは、ここにあるのは無燃素気体でも火気体でもなく酸素であることを見た――すなわち、ここで問題となっているのは、一つの経済的事実の単なる確認でもなければ、この事実と永遠の正義および真正な道徳との衝突でもなくて、経済学全体を変革することになる一つの事実、またその用法を心得ている人に資本主義的生産全体を理解するための鍵を提供する一つの事実であるということを見たのである。彼は、この事実をよりどころにして、ラヴォワジエが酸素をよりどころにして燃素説化学の既存の諸カテゴリーを吟味したように、既存のすべてのカテゴリーを吟味した。剰余価値がなんであるかを知るために、彼は、価値がなんであるかを知らなければならなかった。リカードウの価値論そのものがまず第一に批判にかけられなければならなかった。すなわち、マルクスは、労働を価値形成的な質において研究し、そしてはじめて、どのような労働が、またなにゆえ、またどのようにして、価値を形成するかということ、および、およそ価値とはこの種の労働の凝固したものにほかならないことを、つきとめた――これは、ロートベルトゥスが最後まで理解しなかった点である。次にマルクスは、商品と貨幣との関係を研究して、どのようにして、またなにゆえに、商品に内在する価値属性によって、商品および商品交換が商品と貨幣との対立を生み出さざるをえないかを立証した。この立証の上に築かれた彼の貨幣理論は、最初の完璧な、そしていままでは暗黙のうちに一般的に承認されている貨幣理論である。彼は貨幣の資本への転化を研究して、この転化が労働力の売買にもとづくことを証明した。彼は、ここで、労働の代わりに労働力を、価値創造的な属性を、もってくることによって、リカードウ学派の破滅のもとになった諸困難の一つ、すなわち、資本と労働との相互交換を労働による価値規定というリカードウ流の法則(24)と調和させることの不可能性を、一挙に解決した。彼は、不変資本と可変資本とへの資本の区別を確認することによって、はじめて、剰余価値形成の過程をその真の経過においてきわめて詳細に叙述し、こうしてそれを解明するにいたった――これは、彼の先行者たちのだれ一人としてなしとげなかったことである。こうして彼は、資本そのものの内部に一つの区別——ロートベルトゥスもブルジョア経済学者たちもこれにはどうにも手をつけることができなかったが、しかし、経済学のもっとも複雑な諸問題を解決するための鍵を提供する区別——を確認したのであり、このことについては、ここでふたたび第二部が——そしてやがて明らかになるようになおそれ以上に第三部が——もっとも適切な証拠となる。彼は剰余価値そのものの研究をさらに進めて、それの二つの形態——絶対的剰余価値と相対的剰余価値——を発見し、そして、これらの形態が資本主義的生産の歴史的発展のなかで演じた相異なる、しかし両方いずれの場合も決定的な役割を立証した。彼は、剰余価値を基礎として、われわれのもつ最初の合理的な労賃論を展開し、またはじめて、資本主義的蓄積の歴史の基本的特徴とこの蓄積の歴史的傾向の叙述とを与えた。

　ではロートベルトゥスは？　彼は、この全所論を読んだのち、そのなかに——傾向的経済学者というものはいつもそうだ！——「社会への〔……〕闖入《ちんにゅう》*1」を見いだし、剰余価値がなにから生じるかは彼自身がすでにはるかに簡単明瞭に述べていることを見いだし、そして最後に、この全所論は確かに「こんにちの資本形態」すなわち歴史的に存立しているがままの資本にはあてはまるが、「資本概念」すなわち資本についてのロートベルトゥス氏のユートピア的表象*2にはあてはまらないことを見いだすのである。死ぬまで燃素の正しさを信じ込み、酸素についてはなにも知ろうとしなかったあの老プリーストリーにそっくりである。ただ、プリーストリーは酸素を実際にはじめて析出したが、ロートベルトゥスは、彼の剰余価値のうちに、またはむしろ彼の「賃料」のうちに、わかりきったことを再発見しただけであり、そしてマルクスは、ラヴォワジエのやり方とは反対に、自分が剰余価値の存在という事実を発見した最初の者だなどと主張することをいさぎよしとしなかっただけである。

＊1〔ロートベルトゥス『書簡および社会政策論集』、ルードルフ・マイアー編、第一巻、ベルリン、一八八二年、一一一ページ。マルクス『資本論』にたいする彼の評言。本訳書、第一巻、九二四―九二五ページの原注一七参照〕

＊2〔「素材および道具」を「資本」と解するロートベルトゥスは、いかなる社会にも資本が存在するとし、国家による資本の利潤制限を空想した〕

ロートベルトゥスの経済学上のその他の業績も右と同じ水準のものである。彼が剰余価値を一つのユートピアにまで仕上げたことは、マルクスによって『哲学の貧困』のなかで――意図せずついでに――すでに批判されている。これについてなお言うべきことは、私が同書のドイツ語訳への序文で述[*1]べておいた。労働者階級の過少消費から経済恐慌を説明する彼の説は、すでにシスモンディの『経済
(25) 学新原理』の第四篇、第四章に見いだされる。(三) ただ、そのさいシスモンディはつねに世界市場を念頭においていたのに、ロートベルトゥスの視界はプロイセン国境を越えていないだけである。労賃の出所が資本であるか所得であるかにかんする彼の思弁はスコラ哲学[*2]に属しており、『資本論』のこの第二部、第三篇によって最終的にかたづけられている。彼の地代論は、まだ彼の専属財産として残っており、それを批判したマルクスの草稿[*3]が出版されるまではまどろみ続けることができる。最後に、旧プロイセン的土地占有を資本の圧迫から解放しようという彼の提案は、これまたまったくユートピア

的である。というのは、それは、その場合に肝心な唯一の実際問題――すなわち、旧プロイセンの大土地貴族は、どのようにして年々歳々、たとえば二万マルクの収入を得、三万マルクを支出し、それでも借金をしないでいられるのか？　という問題――を回避しているからである。

㈢「したがって、少数の有産者の手に富が集中することによって、国内市場はますます狭隘となり、産業はますます外国市場にその販路を求めることを余儀なくされるが、そこにはさらに大きな変革が産業を待ち受けている」（すなわち、すぐあとで述べられる一八一七年の恐慌である）。『経済学新原理』、一八一九年版、第一巻、三三六ページ〔菅間正朔訳、世界古典文庫、上、日本評論社、一九四九年、二八〇―二八一ページ〕。

＊1〔一八八四年一〇月の序文。邦訳『全集』第四巻、五七四―五八七ページ〕

＊2〔中世ヨーロッパの教会・修道院付属の学校の教師たちが研究した学問。キリスト教の教義の擁護を目的としたが、細かい概念の区別や詮索《せんさく》を最大の論法とした。そこから、一般に、煩瑣《はんさ》な概念の区別だてをもっぱら得意とする〝学派〟の代名詞として用いられるようになった〕

＊3〔『資本論草稿集』6、大月書店、五一―一五五ページ。邦訳『全集』第二六巻、第二分冊、三一―一三七ページ〕

リカードウ学派は、一八三〇年ごろ剰余価値に突きあたって難破した。この学派が解決できなかったことは、その後継者である俗流経済学にとっては、なおさら解決できないままであった。リカードウ学派を沈没させたのは、次の二点であった――

第一。労働は価値の尺度である。ところが生きた労働は、資本と交換される場合には、それが交換される対象化された労働よりも小さい価値しか持たない。労賃、すなわち一定分量の生きた労働の価値は、この同じ分量の生きた労働によって生み出される生産物——またはこの同じ分量の生きた労働がそれのなかに表わされる生産物——の価値よりもつねに小さい。問題は、このようなとらえ方では、実際には解決不可能である。問題は、マルクスによって正しく提起され、したがって答えられた。価値をもっているのは、労働ではない。価値創造活動として労働が特別な価値をもちえないのは、重さが特別な重量を、温かさが特別な温度を、電気が特別な電流の強さをもちえないのと同じである。商品として売買されるのは、労働ではなくて労働力である。労働力が商品となるやいなや、労働力の価値は、一つの社会的生産物としての労働力に体現されている労働に応じて測定されるのであって、それは、労働力の生産および再生産のために社会的に必要な労働に等しい。したがって、労働力のこの価値にもとづく労働力の売買は、経済学的価値法則と決して矛盾しない。

(26)

　第二。リカードウの価値法則によれば、同等量の、かつ同等額が支払われる生きた労働を使用する二つの資本は、他のすべての事情に変わりがなければ、同等な時間内には同等な価値の生産物を生産し、同じくまた同等な額の剰余価値または利潤を生産する。しかし、それらの資本が不等量の生きた労働を使用するとすれば、それらの資本は同等な額の剰余価値——または、リカードウ学派の言うところでは、利潤——を生産することはありえない。ところが、実際はその反対である。実際には、同等な諸資本は、それらが使用する生きた労働の多少にかかわりなく、同等な時間内には平均的に同等な利潤を生産する。したがって、ここには、リカードウがすでに発見していたが、しかし彼の学派もやはり解決できなかった価値法則に反する一つの矛盾がある。この矛盾は、ロートベルトゥスも認めざるをえなかった。彼はそれを解決する代わりに、それを彼のユートピアの出発点の一つにしている(『現状認識のために』、前出、一三一ページ〔前出訳、一六二ページ以下〕)。マルクスはこの矛盾をすでに草稿『批判』[*1]で解決していた。この解決は、『資本論』の計画によれば、第三部[*2]で行なわれる。その公刊までには、まだ数ヵ月かかるであろう。したがって、ロートベルトゥスのうちにマルクスの秘密の源泉およびすぐれた先行者を発見しようとする経済学者たちには、この点で、ロートベルトゥスの経済学の業績とはなんでありえたかを表明する機会がある。もし彼らが、価値法則をそこなわないだけでなくむしろそれにもとづいてどのようにして同等な平均利潤率が形成されうるのか、また形成されざるをえないのか、を立証するのであれば、その場合にはわれわれはさらに話し合いたいと思う。とはいうものの、せいぜいお急ぎくださるのが願わしい。この第二部の輝かしい諸研究と、これまでほとんど前人未到の領域での、そのまったく新しい諸成果とは、第三部の内容にたいする前置きにすぎないのであり、第三部は、資本主義的基礎上での社会的再生産過程のマルクスによる叙述の最終成果を展開するものとなる。この第三部が現われたならば、ロートベルトゥスごとき経済学者はもはやほとんど問題にされなくなるであろう。

＊1〔『資本論草稿集』6、大月書店、一五―二四、七五―八七、二三六―三二七、六〇四―六五八ページ。邦訳『全集』第二六巻、第二分冊、一三―一九、六五―七五、二一二―三〇一、五七四―六三〇ページ〕

＊2〔本書、第三巻の「剰余価値の利潤への転化、および剰余価値率の利潤率への転化」を論じた第一篇、および「利潤の平均利潤への転化」を論じた第二篇、参照〕

『資本論』の第二部および第三部は、マルクスが何度か私に語ったところでは、彼の夫人にささげられることになっていた。

ロンドン、一八八五年五月五日、マルクス生誕の日に

フリードリヒ・エンゲルス

(27)

〔第二版への序言〕

この第二版は、だいたいにおいて初版のそのままの重刷である。誤植は訂正され、若干の文体上のぞんざいさは取りのぞかれ、繰り返しを含むにすぎない若干の短い文節は削除された。まったく予期できない困難をきたした第三部は、原稿ではもうほとんど完成されている。私の健康が許すならば、この秋のうちに印刷にとりかかれるであろう。

ロンドン、一八九三年七月一五日

F・エンゲルス

（28）

概観の便宜のために、ここに第二—第八の各草稿からとった個所の簡単な総括をあげておこう。*

第一篇

〔第一—四章〕　三一—三二（原）ページ　第二草稿より
三二—四二（原）ページ　第七草稿より
四二—四五（原）ページ　第六草稿より
四五—一二〇（原）ページ　第五草稿より
〔第四章〕　一二〇—一二三（原）ページ　抜き書き帳にあった注
〔第五、六章〕　一二四ページから終わりまで　第四草稿より
ただし、次の挿入あり
一三一—一三二（原）ページ　第八草稿からの一節
一三六、および一四二（原）ページの二つの注　第二草稿より

第二篇

〔第七、八章〕　一五四—一六三（原）ページ　第四草稿の結び
〔第八—一七章〕　一六三—三五〇（原）ページ　すべて第二草稿より

第三篇

第一八章　三五一―三五八（原）ページ　第二草稿より

第一九章　第一、二節　三五九―三八八（原）ページ　第八草稿より

　第三節　三八八―三九〇（原）ページ　第二草稿より

第二〇章　第一節　三九一―三九三（原）ページ　第二草稿より。結びの一段落のみ第八草稿より

　第二節　三九四―三九七（原）ページ　主として第二草稿より

　第三、四、五節　三九七―四二〇（原）ページ　第八草稿より

　第六、七、八、九節　四二〇―四三五（原）ページ　第二草稿より

　第一〇、一一、一二節　四三五―四七六（原）ページ　第八草稿より

　第一三節　四七六―四八四（原）ページ　第二草稿より

第二一章　四八五―五一八（原）ページ　全部第八草稿より

＊〔このような表は初版からつけられている。ここでは、ページ数をヴェルケ版の原ページに置き換え、第一篇、第二篇についても該当する章を大まかに補足して掲げる。この表で指摘されている草稿の利用については、その後の研究で判明した点を本訳書中の該当個所に訳注で指摘した〕

〔マルクスの残した『資本論』第二部（第二巻）にかんする八つの草稿と抜き書き帳（このほかに断片的な諸草稿がある）の執筆時期（推定）と分量は以下の通りである。

	マルクスの草稿執筆時期[*1]（推定）	分量（ページ数[*2]）	エンゲルスによる使用状況
第一草稿	一八六五年前半	一五〇	不使用
第三草稿	一八六七年八月末―一八六八年	七一[*3]	不使用
第四草稿	一八六八年	五八[*4]	第五草稿と重複する部分を除き残りのほとんど全部使用
第二草稿	一八六八年春―一八七〇年の年央	二〇二[*5]	約半分
第五草稿	一八七六年一〇月―一八七七年春、同年四月下旬―七月末	五六[*6]	第六草稿と重複する部分を除き残りのほとんど全部使用
第六草稿	一八七七年一〇月末―一一月	一七	第七草稿と重複する部分を除き残りのほとんど全部使用
抜き書き帳	一八七八年六月ないし七月	八六[*7]	三二―三五ページのみ使用（覚え書き部分のみ）
第七草稿	一八七八年七月（一部、一八八〇年前半）	七	ほとんど全部使用
第八草稿	一八七七年―一八七八年、一八七九年―一八八一年	七七[*8]	ほとんど全部使用

＊1　推定にあたっては、新メガ、第Ⅱ部、第四巻第一分冊、第四巻第三分冊、第一一巻、および大谷禎之介「『資本論』第二部仕上げのための苦闘の軌跡」(『経済』、新日本出版社、二〇〇九年三―五月号、『資本論草稿にマルクスの苦闘を読む』第七章、桜井書店、二〇一八年)を参照した。
＊2　第六、第八草稿のみ四つ折り判、他はすべて二つ折り判。草稿のページ数については、ページ付けがとんだり重複しているところ、ページ付けがなされていないところもあるが、ここでは文章が書かれている最後のページ数を記した。表紙のようにページ付けされていないものは含まない。第三草稿のみ通しのページ付けがないので、ページの合計を表わす。
＊3　マルクスは、第一巻の校正が完了したのち、第二部および第三部のための材料を書き付けたノートを作成した。のちに、「利用すべき諸個所」をまとめるとき、彼はこのノートの諸部分を「第二部に属するもの」と「第三部に属するもの」にわけ、前者をくるんだ表紙に「Ⅲ」と書き、これを「ノートⅢ」(第三草稿)と呼んだ。
＊4　五ページは二つあり、うち一ページは書き直し。四九ページはほかに四九aページがあり、このページは三行のみ。五八ページは五七ページの書き続きの一行のみ。
＊5　三二ページは、ほかに三二a、三二b、三二c、三二d、の四つのページがある。三五ページは二つあるが、そのなかの一ページは表題のみ書かれている。一三三ページは白紙、一六二、一八七、一九六ページはそれぞれ二つある。
＊6　六ページと五五ページとが、それぞれ二つある。
＊7　二二・二三ページのほかに二二a・二三aページがあり、六四・六五ページ、七四・七五ページはページ付けがとんでいる。

*8　一―七一、七六・七七ページ、および一枚の独立の紙片からなる。七二―七五ページはページ付けのみ。また、五六、六六ページはページ付けがとんでいる。

これらの草稿をエンゲルスが整理・編集した「編集原稿」が残されている（新メガ、第Ⅱ部、第一二巻、二〇〇五年）。これは七九四ページ、紙数では八〇〇ページからなる。この原稿では第一二章以降の章立てが不確定であり、現行版第二〇章第七節から第一〇節までの表題、および第二一章第三節の表題も欠けている。またのちに表題の変更やエンゲルスによる加筆や草稿の文章の差し替えが行なわれている）

第二部　資本の流通過程

（31）

第一篇　資本の諸変態とそれらの循環＊

＊〔第一篇の表題には、草稿ごとの変遷がある。「篇」（第一―第四草稿では章）の表題は、第一草稿では「資本の通流」、第二草稿では最初は「資本の流通」だったが、のちに「資本の循環過程」に変更され、表紙に記された目次では、再び変更されて「資本の循環」となった。第五、第六、第七草稿では、「篇」の表題が「資本の循環過程」となった。この篇の章別構成については、マルクスは、第二草稿では、「1）資本の諸変態」（現行版の第一―四章）、「2）通流時間」（現行版の第五章）、「3）流通費」（現行版の第六章）の三つの区分を予定していた。現行版の六章構成は、エンゲルスによる。第五、第六、第七草稿では、冒頭の章の表題が「資本の諸変態とそれらの循環」であった。エンゲルスは、この表題を「第一篇」の表題として採用した〕

第一章　貨幣資本の循環＊

＊〔表題は第五、第六草稿による。第七草稿では「貨幣資本の循環過程」〕

(一)資本の循環過程は三つの段階を通って行なわれ、それらの段階は、第一巻の叙述によれば、次のような順序をなす。

(一)　第二草稿より。〔「第七草稿より」の誤記と思われる。次ページの最初の訳注＊参照〕

第一段階。資本家は、買い手として商品市場および労働市場に現われる。彼の貨幣は、商品に転換される。言い換えれば流通行為G—Wを経過する。

第二段階。購買された商品の、資本家による生産的消費。彼は、資本主義的商品生産者として機能する。彼の資本は、生産過程を経過する。その結果は——それ〔結果としての商品〕の生産諸要素の価値よりも多くの価値をもつ商品である。

第三段階。資本家は、売り手として市場に帰ってくる。彼の商品は、貨幣に転換される。言い換えれば流通行為W—Gを経過する。

したがって、貨幣資本の循環を表わす定式は——

G—W…P…W′—G′であり、この場合、点線は流通過程が中断されていることを示し、またW′およびG′は、剰余価値によって増殖したWおよびGを表わす。

第一段階と第三段階とは、第一部では、第二段階、すなわち資本の生産過程を理解するのに必要な限りでのみ論究された。だから、資本がそのさまざまな段階で身につける――そして循環の繰り返し中にあるときは身につけ、あるときは脱ぎ捨てる――さまざまな形態は、顧慮せずに置かれた。いまや、これらの形態が当面の研究対象をなす。

(32) これらの形態を純粋に把握するためには、さしあたり、形態変換そのものおよび形態形成そのものとはなんのかかわりもないすべての契機が捨象されなければならない。だから、ここでは、諸商品はそれらの価値どおりに販売されるということばかりでなく、この販売が不変の事情のもとで行なわれるということも仮定される。したがって、循環過程中に起こりうる価値変動も度外視される。*

* 〔第一章表題以下、ここまでの本文について、エンゲルスによるマルクスの草稿利用は次の通りである。第一―四、および第六パラグラフは第七草稿より。第七パラグラフは第五草稿より。第五パラグラフについてはエンゲルスの編集原稿には存在しない〕

第一節　第一段階、G―W(一)*

(一) 以下は一八七八年七月二日から始まる第七草稿。

* 〔表題は第七草稿では「I)　G―W」、第六草稿では「第一の変態。G―W」、第五草稿「第一〔段階〕G―W」となっている〕

G—Wは、ある貨幣額がある額の諸商品に転換されることを表わし、買い手にとっては彼の貨幣の商品への転化であり、売り手たちにとっては彼らの諸商品の貨幣への転化である。一般的商品流通のこの経過を、同時に、一つの個別資本の自立的循環における機能的に規定された一部分にするものは、さしあたり、この経過の形態ではなく、それの素材的内実であり、貨幣と席を換える諸商品の独自な使用性格である。それは、一方では生産諸手段、他方では労働力であり、商品生産の物的要因および人的要因であって、これらの要因の特殊な性質は、もちろん、生産されるべき物品の種類に照応するものでなければならない。労働力をAとし、生産諸手段をPmとすれば、購買されるべき商品総額W＝A＋Pmであり、もっと簡単に表わせば$W\left\langle\begin{matrix}A\\Pm\end{matrix}\right.$である。したがって、G—Wは、その内容から考察すれば、$G—W\left\langle\begin{matrix}A\\Pm\end{matrix}\right.$として表わされる。すなわち、G—Wは、G—AとG—Pmとに分かれる。貨幣総額Gは二つの部分に分裂して、そのうちの一方は労働力を購買し、他方は生産諸手段を購買する。この二系列の購買は、まったく異なる市場に所属する——一方は本来の商品市場に、他方は労働市場に。

ところが$G—W\left\langle\begin{matrix}A\\Pm\end{matrix}\right.$は、Gが転換される商品総額のこの質的分割のほかに、もう一つのきわめて特徴的な量的関係を表わす。

われわれが知っているように、労働力の価値または価格は、労働力を商品として売りに出すその保有者に、労賃の形態で、すなわち剰余労働を含むある労働総量の価格として、支払われる。その結果、たとえば労働力の日価値＝三マルク、すなわち五時間労働の生産物であるならば、この金額は、買い手と売り手との契約では、たとえば一〇時間労働にたいする価格または賃銀として現われる。もしこ

(33)のような契約がたとえば五〇人の労働者と結ばれたとすれば、彼らは、合計して一日のあいだに五〇〇労働時間を買い手に提供しなければならないのであり、そのうちの半分である二五〇労働時間＝一〇時間労働二五日分は、剰余労働だけからなる。購買されるべき生産諸手段の分量も規模も、この労働総量を使用するのに十分なものでなければならない。

したがって、$G-W\left\langle\begin{matrix}A\\Pm\end{matrix}\right.$は、一定の貨幣額たとえば四二二ポンドが、互いに照応し合う生産諸手段と労働力とに転換されるという質的関係を表現するだけでなく、労働力Aに投下される貨幣部分と生産諸手段Pmに投下される貨幣部分との一つの量的関係——一定数の労働者によって支出されるべき余分な剰余労働〔草稿では「余分な労働すなわち剰余労働」〕の総量によってはじめから規定されている関係——をも表現する。

したがって、たとえばある紡績工場において五〇人の労働者の週賃銀が五〇ポンドである場合には、三七二ポンド〔四二二ポンドのうち〕が一五〇〇時間の剰余労働を含む三〇〇〇時間の週労働〔一日一〇時間労働で五〇人の六日間の労働時間〕が糸に転化する生産諸手段の価値であるとすれば、この金額が生産諸手段に支出されなければならない。

さまざまな産業部門で追加労働の使用がどの程度まで生産諸手段の形での価値追加を必要とするかは、ここではまったくどうでもよい。問題なのは、生産諸手段に支出される貨幣部分——G—Pmで購買される生産諸手段——はどのような事情のもとでも十分でなければならないということ、すなわち、はじめからそのことを計算に入れて、照応する比率で調達されていなければならないということだけである。言い換えれば、生産諸手段の総量は、この労働総量を吸収するのに――この労働総量によって生産物に転化されるのに――十分でなければならない。もし生産諸手段が十分に現存しなければ、買い手が自由に利用できる超過の労働は使用されえないであろう。この労働にたいする彼の自由処分権はなにももたらさないであろう。もし自由に利用できる労働よりも多くの生産諸手段が現存するならば、それらは労働が不十分なままとなり、生産物には転化されないであろう。

$G-W\left\langle\begin{array}{l}A\\Pm\end{array}\right.$が完了すれば、買い手は、ある有用な物品の生産に必要な生産諸手段と労働力とを自由に利用できるだけではない。彼は、労働力の価値の補塡に必要であるよりも大きい労働力の流動体――すなわち、より大きい分量の労働――を自由に利用できると同時に、この労働総量の実現または対象化に要する生産諸手段を自由に利用できる。したがって、彼は、それ自体の生産諸要素の価値よりも大きい価値をもつ諸物品――すなわち、剰余価値を含むある商品総量――の生産の諸要因を自由に利用できる。すなわち、彼が貨幣形態で前貸しした価値は、いまや、それが剰余価値（諸商品の姿(34)態での）を生む価値として実現されうる現物形態をとっている。言い換えれば、その価値は、価値および剰余価値を創造するものとして機能する能力をもつ生産資本という状態または形態にある。この形態にある資本をPと呼ぶことにしよう。

ところで、Pの価値は、A＋Pm の価値に等しく、AとPmとに転換されたGに等しい。Gは、Pと同じ資本価値であり、異なる存在様式をとっているだけである。すなわち、貨幣状態または貨幣形態にある資本価値――貨幣資本である。

だからG—W$\left<\begin{matrix}A\\Pm\end{matrix}\right.$、または、その一般的形態から見ればG—W、すなわち諸商品の購買の総和である一般的商品流通のこの経過は、同時に、資本の自立的循環過程のなかの段階としては、貨幣形態から生産的形態への資本価値の転化であり、もっと簡単に言えば、貨幣資本の生産資本への転化である。だから、ここでまず第一に考察される循環の図式では、貨幣は、資本価値の最初の担い手として現われ、したがって、貨幣資本は、資本が前貸しされる形態として現われる。

貨幣資本としては、資本は、貨幣諸機能、いまの場合には一般的購買手段と一般的支払手段との機能を果たしうる状態にある。（労働力は、確かにまずもって買われはするが、しかしそれが機能し終わったあとにはじめて支払われる限りでは、〔貨幣は〕支払手段である。生産諸手段が既成のものとして市場に現存するのではなく、これから注文しなければならない限りでは、貨幣はG—Pmの場合にもやはり支払手段として機能する。）この能力は、貨幣資本が資本であることから生じるのではなく、貨幣資本が貨幣であることから生じる。

他方で、貨幣状態にある資本価値はまた、貨幣諸機能を果たしうるだけで、ほかの機能は果たしえない。この貨幣諸機能を資本諸機能にするものは、資本の運動のなかで貨幣諸機能が果たす一定の役割であり、したがってまた、貨幣諸機能が現われる段階と資本の循環の他の諸段階との連関である。たとえば、さしあたりいまの場合には、貨幣が諸商品に転換され、それら諸商品の結合が生産資本の現物形態をなすのであり、したがって、この現物形態は、潜在的に——可能性から見て——すでに資本主義的生産過程の結果を自己のうちに包蔵している。

$G—W\left\langle\begin{matrix}A\\Pm\end{matrix}\right.$において貨幣資本の機能を果たす貨幣の一部分は、この流通そのものの完了によって、一つの機能に移るが、そこではその貨幣部分の資本性格は消えうせてその貨幣性格が残る。貨幣資本Gの流通は、G—PmとG—Aとに、生産諸手段の購買と労働力の購買とに、分かれる。このあとのほうの経過をそれだけで考察してみよう。G—Aは、資本家の側から見れば、労働力の購買である。それは、労働者すなわち労働力の保有者の側から見れば、労働力——ここでは労賃という形態が前提されているのだから労働と言ってもよい——の販売である。買い手にとってG—W（＝G—A）であるものが、ここでは、どの購買の場合にもそうであるように、売り手（労働者）にとってはA—G（＝
(35) W—G）であり、彼の労働力の販売である。これは、商品の第一の流通段階または第一の変態である（第一部、第三章、第二節a〔本訳書、第一巻、一八四ページ以下〕）。これは、労働の売り手の側から見れば、彼の商品の、その貨幣形態への転化である。こうして手に入れた貨幣を、労働者は徐々に、自分の諸欲求を満たす諸商品総計に、消費諸物品に、支出する。したがって、彼の商品の総流通は、A—G—W、すなわち第一にはA—G（＝W—G）、第二にはG—Wとして現われ、したがって、単純な商品流通の一般的形態であるW—G—Wとして現われ、そこでは貨幣は、単なるつかの間の流通手段、すなわち商品と商品との交換の単なる媒介者の役を演じる。

G—Aは、貨幣資本の生産資本への転化を特徴づける契機である。なぜなら、それは、貨幣形態で前貸しされた価値が現実に資本に——剰余価値を生産する価値に——転化するための本質的条件だからである。G—Pmは、G—Aによって購買された労働総量を実現するために必要であるにすぎない。

だから第一部、第二篇「貨幣の資本への転化」〔本訳書、第一巻、二五五ページ以下〕では、Ｇ―Ａがこの観点から叙述された。ここでは事態が、さらにもう一つ別の観点から、とくに資本の現象形態としての貨幣資本に関連して考察されなければならない。

Ｇ―Ａは、一般に、資本主義的生産様式にとって特徴的なものとみなされる。しかし、一般にそうみなされるのは、労働力の購買が、労働力の価格である労賃の補填に必要であるよりも多量の労働の提供を――すなわち、前貸価値の資本化のための、または同じことであるが剰余価値の生産のための根本条件である剰余労働の提供を約定する購買契約であるという、上述の理由からでは決してない。そうではなく、むしろ、労賃の形態においては労働が貨幣で購買されるという労働力購買の形態のためであり、これが貨幣経済の特徴的標識とみなされるのである。

またこの場合に、特徴的なこととみなされるのは、形態の不合理さでもない。この不合理さはむしろ見逃される。不合理さは、価値形成要素としての労働そのものは価値をもちえないということに、したがってまた一定分量の労働は、その労働の価格で――その労働と一定分量の貨幣との等価性で――表現されるどんな価値ももちえないということにある。しかし、われわれが知っているように、労賃は一つの仮装形態にすぎないのであり、この形態においては、たとえば労働力の日価格は、この労働力によって一日のあいだに流動化される労働の価格として現われ、したがって、たとえば、この労働力によって六時間の労働で生産される価値が、この労働力の一二時間の機能または労働の価値として表現されるのである。

（36）

G―Aがいわゆる貨幣経済に特徴的なもの、その標識とみなされるのは、ここでは労働がその所有者の商品として現われ、したがって貨幣が買い手として現われるからである――つまり貨幣関係（すなわち人間活動の売買）のためである。ところでしかし、Gが貨幣資本に転化しなくても、すなわち経済の一般的性格が変革されなくても、貨幣はすでにずいぶん早くからいわゆる勤労《サーヴィス》の買い手として現われる。

貨幣がどんな種類の商品に転化されるかは、貨幣にとってはまったくどうでもよいことである。貨幣はすべての商品の一般的等価形態であり、すべての商品は、それらが観念的に一定額の貨幣を表わし、貨幣への転化を待ち望み、そして貨幣との場所変換によってのみ、商品所有者にとっての使用価値に転換されうる形態を受け取るということを、すでにそれらの価格において示している。だから、労働力がひとたびその所有者の商品として市場に現われ、その販売が労働にたいする支払いの形態で――労賃の姿態で――行なわれると、労働力の売買は、他のどの商品の売買と比べても、奇異な点をまったく示さない。商品である労働力が買いうるものであるということが特徴的なのではなく、労働力が商品として現われることが特徴的なのである。

生産の対象的諸要因と人的諸要因とが商品からなる限り、資本家は、$G-W\left\langle\begin{array}{l}A\\Pm\end{array}\right.$すなわち貨幣資本の生産資本への転化によって、この両要因の結合を達成する。貨幣がはじめて生産資本に転化されるとき、または貨幣がその所有者のためにはじめて貨幣資本として機能するときには、その所有者は、労働力を購買するまえに、まず生産諸手段、すなわち、作業用建物、機械などを購買しなければならない。というのは、労働力が彼の支配下に移るやいなや、それを労働力として使用しうるためには、そこに生産諸手段が存在しなければならないからである。

資本家の側から見れば、事態は以上のようになる。

労働者の側から見れば――彼の労働力の生産的活動は、その労働力が販売されて生産諸手段と結合される瞬間からはじめて可能になる。すなわち、労働力は、その販売以前には、生産諸手段――活動の対象的諸条件――から分離されて存在する。この分離状態にあっては、労働力は、直接にその所有者のための使用価値の生産にも、またその所有者が生活しうるために販売する商品の生産にも、使用することができない。しかし、労働力は、販売されることによって生産諸手段と結合されるやいなや、生産諸手段と同じように、その買い手の生産資本の一構成部分をなす。

それゆえ、Ｇ―Ａという行為では、貨幣所有者と労働力所有者とは、買い手および売り手として関（37）係し合い、貨幣所有者および商品所有者として相対するにすぎず、したがってこの面から見れば互いに単なる貨幣関係にあるにすぎないとはいえ――それにもかかわらず、買い手は、最初から同時に生産諸手段の所有者として登場するのであって、この生産諸手段は、労働力の所有者が労働力を生産的に支出するための対象的諸条件をなしている。言い換えれば、この生産諸手段は、労働力の所有者にたいして他人の所有物として相対する。他方では、労働の売り手は、その買い手にたいして他人の労働力として相対するが、買い手の資本が現実に生産資本として活動するためには、この労働力は、買い手の支配下に移り、彼の資本に合体されなければならない。したがって、資本家と賃労働者との階級関係は、両者がＧ―Ａ（労働者の側から見ればＡ―Ｇ）という行為で相対する瞬間に、すでに現存し、すでに前提されている。それは、売買であり、貨幣関係であるが、しかし、買い手は資本家であり、売り手は賃労働者であることが前提される売買なのであり、この関係は、労働力を実現するための諸条件――生活諸手段および生産諸手段――が他人の所有物として労働力の所有者から分離されることとともに、与えられている。

この分離がどのようにして生じるかは、われわれはここでは論じない。この分離は、Ｇ―Ａが行なわれるやいなや、存在する。ここでわれわれが関心をもつのは次のことである。すなわち、Ｇ―Ａが貨幣資本の一機能として現われるとしても、すなわち、貨幣がここで資本の存在形態として現われるとしても、それは、決して、単に、貨幣がここでは、ある有用効果をもつある人間活動すなわちある勤労にたいする支払手段として登場するからではない――したがって、決して支払手段としての貨幣の機能によってではない――ということである。貨幣がこの形態で支出されうるのは、ただ、労働力がそれの生産諸手段（労働力そのものの生産諸手段としての生活諸手段を含む）から分離された状態にあるからにすぎず、そしてこの分離は、ただ、労働力が生産諸手段の保有者に販売されることによってのみ、したがってまた、労働力の流動化〔労働すること〕――この限界は、労働力それ自身の価格〔草稿では「価値」〕の再生産に必要な労働総量の限界とは決して一致しない――もまた買い手に所属するということによってのみ、取りのぞかれるからである。資本関係が生産過程中にはっきり出てくるのは、ただ、この関係自体が流通行為のうちに、買い手と売り手とが相対し合う相異なる経済的基本諸条件のうちに、彼らの階級関係のうちに、存在するからにすぎない。貨幣の本性とともにこの関係が与えられているのではない。むしろ、この関係の定在こそが、単なる貨幣機能を資本機能に転化させうるのである。

貨幣資本（われわれは、さしあたり、貨幣資本がわれわれにたいしてここで立ち現われる特定の機[38]能の範囲内でのみこれを問題にする）の把握においては、通常、二つの誤りが並立または交錯している。第一には、資本価値が貨幣資本として果たす――そして資本価値が貨幣形態にあるからこそ果たしうる――諸機能が、誤って資本価値の資本性格から導き出される。それらの機能は、ただ資本価値の貨幣状態、資本価値の貨幣としての現象形態のせいにすぎないのにである。また、第二にはその逆に、貨幣機能を同時に一つの資本機能にする貨幣機能の独自な内実が、貨幣の本性から導き出される（したがって貨幣が資本と混合される）。この資本機能は、ここでG―Aが遂行される場合にもそうであるが、単なる商品流通およびそれに照応する貨幣流通では決して与えられていない社会的諸条件を前提しているのにである。

奴隷の売買も、その形態から見れば、商品の売買である。しかし、奴隷制が存在しなければ、貨幣はこの機能を果たしえない。奴隷制が現存すれば、貨幣は奴隷の購入に投じられうる。逆に、貨幣が買い手の手中にあるだけでは、決して、奴隷制を可能にするのには十分ではない。

自己の労働力の販売（自己の労働を売るという形態での、すなわち労賃という形態での）が、孤立した現象としてではなく、諸商品の生産の社会的標準的な前提として現われること、したがって、貨幣資本が、ここで考察される機能$G—W\left\langle\begin{array}{l}A\\Pm\end{array}\right.$を社会的規模で果たすこと——このことは、生産諸手段と労働力との本源的結合を解体させた歴史的諸過程を想定しており、したがってその諸過程の結果、この生産諸手段の非所有者としての人民大衆すなわち労働者と、この生産諸手段の所有者としての非労働者とが相対するにいたる諸過程を想定している。この場合、この結合が、その分解前に、労働者自身が生産手段として他人の生産諸手段の一部であるという形態をとっていたのか、それとも労働者が生産諸手段の所有者であったのか、ということは、まったく問題ではない。

したがって、ここで$G—W\left\langle\begin{array}{l}A\\Pm\end{array}\right.$という行為の基礎になっている事実は分配である。といっても、消費諸手段の分配という普通の意味での分配ではなく、生産の諸要素そのものの分配であって、これら諸要素のうち、対象的諸要因は一方の側に集中されており、労働力はそれとは切り離されて他方の側にある。

したがって、生産資本の対象的部分である生産諸手段は、G—Aという行為が一般的社会的行為となりうる以前に、すでにそういうものとして、資本として、労働者に相対していなければならない。

前述したように〔本訳書、第一巻、第七篇参照〕、資本主義的生産は、ひとたび創始されると、その発(39)展中にこの分離を再生産するだけでなく、この分離が一般的支配的な社会的状態になってしまうまで、絶えずより大きな範囲にそれを拡大する。しかし事態はもう一つ別の面を呈する。資本が形成され、それが生産を支配できるようになるためには、商業の——したがってまた商品流通の、それとともに商品生産の——ある一定の発展段階が前提される。というのは、物品は、販売のために、すなわち商品として、生産されない限りは、商品として流通にはいり込むことはできないからである。ところが、商品生産は、資本主義的生産の基礎上ではじめて生産の正常な支配的な性格として現われる。

ロシアの土地所有者たちは、いわゆる農民解放[*1]の結果、いまや農奴的強制労働者の代わりに賃労働者を使って彼らの農業を営んでいるが、彼らは二つのことについて不平を言う。第一には貨幣資本の欠乏について。たとえば次のように言う——収穫物を売るまえに比較的大きな金額を賃労働者に支払わなければならないが、そのとき、その第一条件である現金が足りない、と。生産を資本主義的に営むためには、貨幣の形態にある資本が、まさにこの労賃の支払いのために、絶えず手もとになければならない。しかし、この点では土地所有者たちは気を落とすにはおよばない。時がくればバラの花が摘める[*2]のであり、〔やがて〕産業資本家は、自分の金《かね》だけでなく〝他人の金[*3]〟をも自由に利用するのである。

＊1〔一八六一年に、ロシア皇帝アレクサンドル二世（在位一八五五—一八八一年）が行なった「農奴解放」のこと。人身的農奴制だけを廃止したきわめて不徹底なもので、地主にたいする農民の経済的従属は維持・強化された。マルクスは、一八八一—八二年に、この問題についての「覚え書」を残している（「一八六一年の改革と改革後のロシアの発展についての覚え書」、邦訳『全集』第一九巻、四一〇—四三〇ページ）〕

＊2〔ドイツの諺。「待てば海路の日和あり」の意〕

＊3〔フランスの作家アレクサンドル・デュマ（子）『金の問題』、第二幕、第七場のせりふ、「事業？　それはすこぶる簡単だ。他人の金を求めることだ」参照〕

しかし、もっと特徴的なのは第二の不平である。すなわち――たとえ金《かね》はあっても、買うことのできる労働力を十分な規模で任意のときに自由に見いだせない、というのである。それというのも、ロシアの農村労働者は、土地にたいする村落共同体の共同所有のために、まだ完全にはその生産諸手段から分離されておらず、したがってまだ言葉の完全な意味での「自由な賃労働者」ではないからである。しかし、この自由な賃労働者が社会的規模で現存することは、Ｇ―Ｗすなわち貨幣の商品への転化が貨幣資本の生産資本への転化として現われうるためには、欠くことのできない条件である。

こうして、貨幣資本の循環を表わす定式Ｇ―Ｗ…Ｐ…Ｗ′―Ｇ′が、すでに発展した資本主義的生産の基礎上でのみ、資本循環の自明な形態で現存することを前提するからである。なぜなら、それは、賃労働者階級が社会的規模で現存するということは、おのずから明らかである、ということは、すでに見たように、商品および剰余価値を生産するだけではない。それは、賃労働者の階級を、しかも絶えず拡大する規模で再生産し、直接的生産者の圧倒的大多数を賃労働者に転化させる。それゆえ、Ｇ―Ｗ…Ｐ…Ｗ′―Ｇ′は、その進行の第一の前提が賃労働者階級の恒常的な現存であるから、すでに、生産資本の形態にある資本を、したがってまた生産資本の循環の形態を想定している。(40)

第二節　第二段階、生産資本の機能*

＊〔表題は第七草稿、第六草稿による。第五草稿では「第二段階《ファーゼ》　Ｐ」となっている〕

ここで考察される資本の循環は、流通行為G—W、すなわち貨幣の商品への転化、購買から始まる。したがって流通は、反対の変態W—G、すなわち商品の貨幣への転化、販売によって補足されなければならない。しかし、G—W$<^{A}_{Pm}$の直接の結果は、貨幣形態で前貸しされた資本価値の流通の中断である。貨幣資本の生産資本への転化によって、資本価値はすでに現物形態を受け取っているのであり、この形態ではそれは流通を続けることができず、消費に、すなわち生産的消費に、はいり込まなければならない。労働力の使用である労働は、労働過程でのみ実現されうる。資本家は労働者をふたたび商品として売ることはできない。なぜなら、労働者は資本家の奴隷ではないし、また資本家が買ったのは、一定時間にわたる労働者の労働力の消費以上のものではないからである。他面では、資本家は、生産諸手段を商品形成体として労働力により消費させることによってのみ、労働力を消費することができる。したがって、第一段階の結果は、第二段階に、資本の生産段階に、はいり込むことである。

この運動はG—W$<^{A}_{Pm}$…Pとして表わされるのであり、ここの点線は、資本の流通は中断されているが、資本が商品流通の部面から出て生産部面にはいり込むことで、資本の循環過程は続いていることを示す。したがって第一段階、貨幣資本の生産資本への転化は、第二段階である生産資本の機能の先駆および導入局面としてだけ、現われる。

G—W$<^{A}_{Pm}$は、この行為を行なう個人が任意の使用形態にある諸価値を自由に使用することだけでなく、彼がこれらの価値を貨幣形態で所有すること、彼が貨幣所有者であることを前提とする。しかし、この行為の実質はまさに貨幣の引き渡しであり、それでも彼が貨幣所有者であり続けられるのは、

この引き渡し行為そのものによって貨幣が彼の手に還流することが含意されている限りでのことである。しかし、貨幣は、商品の販売によってのみ彼の手に還流することができる。したがって、この行為は、彼が商品生産者であることを前提とする。

(41) G—A。賃労働者は、労働力の販売によってのみ生活する。労働力の維持——賃労働者の自己維持——には、日々の消費が必要である。したがって、彼がその自己維持に必要な購入、すなわちA—G—WまたはW—G—Wという行為を反復しうるためには、彼にたいする支払いが絶えず比較的短い期限で反復されなければならない。だから、資本家は賃労働者にたいして絶えず貨幣資本家として、また彼の資本は貨幣資本として、相対しなければならない。しかし、他面では、直接的生産者すなわち賃労働者の大衆が、A—G—Wという行為をなしうるためには、必要生活諸手段が、購買されうる形態すなわち商品形態で、絶えず彼らに相対しなければならない。したがって、この状態は、すでに、商品としての生産物の流通が、したがってまた商品生産の程度も、高度であることを必要とする。賃労働による生産が一般的になれば、商品生産が生産の一般的形態でなければならない。商品生産が一般的であると前提されるならば、こんどはそのことが、社会的分業の絶え間のない増進、すなわちある特定の資本家によって商品として生産される生産物の特殊化の絶え間のない進展、互いに補足し合う生産諸過程の自立的な生産諸過程への分割の絶え間のない進展を、生じさせる。したがって、G—Aが発展するのと同じ度合いでG—Pmが発展する。すなわち、同じ程度に、生産諸手段の生産が、それらを生産諸手段として用いる商品の生産から分離するのであり、また、この生産諸手段は、どの商品生産者自身にたいしても、彼が生産するのではなく彼が自分の特定の生産過程のために購買する商品として、相対する。生産諸手段は、各商品生産者の生産部門から完全に分離されて自立的に経営される生産諸部門から出てきて、商品として各商品生産者の生産部門にはいり込むのであり、したがってそれらは購買されなければならない。商品生産の物的諸条件は、各商品生産者にたいして、ますます大きな程度に、他の商品生産者たちの生産物として、商品として、相対する。それと同じ程度に、資本家は貨幣資本家として登場しなければならない。すなわち、それだけ彼の資本が貨幣資本として機能しなければならない規模が拡大する。

他方では、資本主義的生産の基本条件――賃労働者階級の定在――を生み出すその同じ事情は、いっさいの商品生産の資本主義的商品生産への移行を促進する。資本主義的商品生産は、それが発展するのと同じ程度に、あらゆるより古い、主として直接的自家需要を目的として生産物の余剰だけを商品に転化する生産形態にたいして、分解的、解体的に作用する。それは、さしあたり外見上は生産様式そのものを侵害することなしに、生産物の販売を主要な関心事にする――たとえば、資本主義的世界貿易が中国人、インド人、アラビア人などのような諸民族に与えた最初の作用がそうであった。しかし第二に、この資本主義的生産が根を張ったところでは、それは、生産者たちの自家労働にもとづ(42)くか、または単に余剰生産物を商品として販売することにもとづく、商品生産のすべての形態を破壊する。それは、まずもって商品生産を一般化し、それからしだいにすべての商品生産を資本主義的商品生産に転化させる[三]。

㈢　以上第七草稿。以下第六草稿。

生産の社会的形態がどうであろうと、労働者と生産手段とはつねに生産の要因である。しかし、一方も他方も、互いに分離された状態では、ただ可能性から見て生産の要因であるにすぎない。およそ生産が行なわれるためには、両者が結合されなければならない。この結合がなしとげられる特殊な仕方によって、社会構造のさまざまな経済的諸時代が区別される。いま問題の場合には、自由な労働者が彼の生産諸手段から分離されていることが、与えられた出発点なのであり、どのようにして、どのような条件のもとで両者が資本家の手中で――すなわち彼の資本の生産的定在様式として――結合されるかは、われわれがすでに見たところである。だから、こうして一つに結合された人的および物的な商品形成体が一緒にはいり込む現実の過程、すなわち生産過程は、それ自身、資本の一機能――資本主義的生産過程となるのであり、この資本主義的生産過程の本性は本書の第一部で詳しく説明された。商品生産を行なうあらゆる経営は、同時に労働力搾取の経営となる。しかし、資本主義的商品生産がはじめて画期的な搾取様式となるのであって、この搾取様式は、そのいっそうの歴史的発展のなかで、労働過程の組織と技術の巨大な発達とによって、社会の経済的構造全体を変革し、従来のすべての時代を比類なく大きく凌駕《りようが》する。

生産手段と労働力とは、それらが前貸資本価値の存在形態である限り、それらが生産過程中に価値形成にさいして――したがってまた剰余価値の生産において――演じる役割の相違によって、不変資本および可変資本として区別される。生産諸手段と労働力とは、さらに、生産資本の異なる構成部分として、生産諸手段のほうは資本家の所有である以上、生産過程の外部でも依然として彼の資本であるが、労働力のほうはただ生産過程の内部でのみ個別資本の定在形態になる、ということによって区別される。労働力は、ただその売り手である賃労働者の手中においてのみ商品であるが、これにたいして、労働力は、その買い手である、その一時的な使用を手に入れた資本家の手中においてのみ資本(43)となる。生産諸手段そのものは、労働力が生産資本の人的定在形態として生産諸手段に合体可能になったその瞬間からはじめて、生産資本の対象的諸姿態すなわち生産資本となる。したがって、人間の労働力が生まれながらに資本ではないのと同じように、生産諸手段もまたそうではない。生産諸手段は、歴史的に発展した特定の諸条件のもとでのみ、この独自な社会的性格を受け取るのであり、それはちょうど、ただそのような諸条件のもとでのみ、貴金属に貨幣という独自な社会的性格が、それどころか貨幣に貨幣資本という独自な社会的性格が刻印されるのと同じである。

生産資本は、それが機能するあいだに、それ自身の構成諸部分を消費して、それらをより価値の高い生産物総量に転換する。労働力は生産資本の諸器官の一つとして作用するだけであるから、生産物価値のうち、労働力の剰余労働によって生み出され、その形成諸要素の価値を超える超過分もまた、資本の果実である。労働力の剰余労働は資本の無償労働であり、したがって資本家のために剰余価値――彼になんの等価物も費やさせない価値――を形成する。だから、生産物は商品であるだけでなく、剰余価値を身ごもった商品でもある。それの価値は、Ｐ＋Ｍであり、それの生産に消費された生産資本の価値Ｐ、プラス、この生産資本によって生み出された剰余価値Ｍ、に等しい。この商品が一万重量ポンドの糸からなり、それの生産に三七二ポンドの価値の生産諸手段と五〇ポンドの価値の労働力とが消費されたと想定しよう。この紡績過程中に、紡績工たちは、彼らの労働によって消費された生産諸手段の価値額三七二ポンドを糸に移転すると同時に、彼らの労働支出に照応して、たとえば一二八ポンドの新価値を産出した。だから、一万重量ポンドの糸は五〇〇ポンドの価値の担い手である〔二〇重量ポンドの糸＝一ポンド〕。

第三節　第三段階、W′—G′*

*〔第六草稿による。第五草稿では「第三段階《ファーゼ》　W′—G′」となっている〕

商品は、すでに価値増殖された資本価値の、直接に生産過程そのものから生じた機能的定在形態として、商品資本となる。商品生産がその全社会的範囲において資本主義的に営まれるならば、すべての商品は、それが銑鉄あるいはブリュッセルのレースからなるにせよ、硫酸あるいは葉巻タバコからなるにせよ、はじめから商品資本の要素であろう。どのような種類の商品群がその性状によって資本の位につくものと定められ、他のどんな種類のものが並の商品勤務につくものと定められるかという問題は、スコラ派*的経済学が自分でつくり出したお気に入りの苦労の種の一つである。

*〔本訳書、第二巻、三六ページの訳注＊２参照〕

資本は、その*商品形態においては商品機能を果たさなければならない。資本を構成する諸物品は、はじめから市場のために生産されるもので、販売され、貨幣に転化され、したがってW―Gという運動を経過しなければならない。

＊〔初版および第二版では「一つの」となっている。草稿により訂正〕

(44) 資本家の商品が一万重量ポンドの綿糸からなるとしよう。紡績過程で三七二ポンドの価値の生産諸手段が消費され、一二八ポンドの新価値がつくり出されたとすれば、この糸は五〇〇ポンドの価値をもち、その価値をそれと同名の価格で表現する。この価格が販売W―Gによって実現されるとしよう。すべての商品流通のこの単純な経過を、同時に一つの資本機能にするものはなにか？　それは、この過程の内部で生じる変化ではない。すなわち、商品の使用上の性格にかんして生じる変化でもなければ――というのは、この商品は使用対象としては買い手のもとに移るのであるから――、またその価値にかんして生じる変化でもない――というのは、その価値は大きさの変化をこうむるのではなく、形態変換をこうむるだけであるから。その価値は、はじめは綿糸のなかに存在したが、いまやそれは貨幣のなかに存在する。こうして、最初の段階G―W[*1]と最後の段階W―Gとのあいだには一つの本質的な区別が現われる。G―Wでは、前貸しされた貨幣が貨幣資本として機能する。なぜなら、それが流通の媒介によって独自な使用価値をもつ諸商品に転換されるからである。W―Gでは、商品が資本として機能しうるのは、その流通が始まるまえに、この資本的性格をすでにでき上がったものとして生産過程からもち込んでくる限りでのことでしかない。紡績過程中に紡績工たちは一二八ポンドという額の糸価値をつくり出した。そのうち、たとえば五〇ポンドは、資本家にとって労働力への彼の支出にたいする等価物を形成するだけであり、そして、七八ポンドは——労働力の搾取度が一五六％であるとして——剰余価値を形成する。したがって、一万重量ポンドの糸の価値は、第一に、消費された生産資本Ｐの価値を含んでおり、そのうち不変部分は三七二ポンド、可変部分は五〇ポンド、その合計は四二二ポンドで、八四四〇重量ポンドの糸に相当する。しかし、生産資本Ｐの価値は、Ｗ、すなわち、Ｇ—Ｗ段階で売り手の手中にある諸商品として資本家に相対していた生産資本形成諸要素の価値に等しい。——しかし、第二に、この糸の価値は、一五六〇重量ポンドの糸に相当する七八ポンドの剰余価値を含む。したがって、一万重量ポンドの糸の価値表現としてのＷは、Ｗ＋ΔＷ すなわち、Ｗプラスの増分（七八ポンド）に等しい。この増分は、原価値Ｗがいまとっているのと同じ商品形態で存在するから、これをｗと呼ぶことにしよう。したがって、一万重量ポンドの糸の価値＝五〇〇ポンドは Ｗ＋ｗ＝Ｗ′ である。一万重量ポンドの糸の価値表現として、ＷをＷ′にするものは、Ｗ′の価値の絶対的大きさ（五〇〇ポンド）ではない。というのは、この価値の〔絶対的〕大きさは、なんらかの他の商品額の価値表現である他のすべてのＷの場合と同様に、その商品額に対象化されている労働の大きさによって規定されているからである。ＷをＷ′にするものは、Ｗ′の価値の相対的大きさ、Ｗ′の生産に消費された資本Ｐの価値に比べてのＷ′の価値の大きさである。資本Ｐの価値は、生産資本によって提供された剰余価値をプラスして、Ｗ′の価値の大きさのうちに含まれている。Ｗ′の価値は、この剰余価値ｗだけ、この資本価値より大きくて超過している。一万重量ポンドの糸は、価値増殖された——剰余価値で増大した——資本価値の担い手である。そして、それがそうであるのは、資(45)

本主義的生産過程の生産物としてである。W′は価値関係を表現する。すなわち、商品生産物の価値の、その生産に支出された資本の価値にたいする関係を、したがって、商品生産物の価値が資本価値と剰余価値とから構成されていることを、表現する。一万重量ポンドの糸は、生産資本Ｐの転化された形態としてのみ、したがって、さしあたりこの個別資本の循環のなかだけに存在する連関においてのみ、言い換えれば、自己の資本で糸を生産した資本家にとってのみ、商品資本W′である。価値の担い手としての一万重量ポンドの糸を商品資本にするものは、いわば内的関係だけであって、決して外的関係ではない。この糸は、その価値の絶対的大きさにおいてではなく、その価値の相対的大きさにおいて、すなわち、この糸に含まれている生産資本が商品に転化される以前に[*2]もっていた価値の大きさに比べてのこの糸の価値の大きさにおいて、その資本主義的母斑をそなえている。だから、もしこの一万重量ポンドの糸が五〇〇ポンドというその価値どおりに販売されるならば、この流通行為は、それ自体として考察すれば、W―Gであり、ある不変な価値の商品形態から貨幣形態への単なる転化である。しかし、一つの個別資本の循環のなかの特殊な段階としては、この同じ行為が、商品によって担われた資本価値四二二ポンド、プラス、商品によって担われた剰余価値七八ポンド、の実現であり、したがって、W′―G′であり、商品形態から貨幣形態への商品資本の転化である。(四)

(四)　以上第六草稿。以下第五草稿。

＊１〔初版および第二版では「W―G」となっていた。草稿およびエンゲルスの編集原稿により訂正〕

＊２〔草稿および初版では「この糸に含まれている資本が商品に転化されてしまう以前に」となっている〕

さて、W′の機能は、すべての商品生産物の機能である――すなわち、自己を貨幣に転化すること、販売されること、流通局面W―Gを経過することである。いまや価値増殖された資本が商品資本の形態にとどまり続け、市場に滞留する限り、生産過程は停止する。この資本は、生産物形成者としても価値形成者としても作用しない。資本がその商品形態を脱ぎ捨ててその貨幣形態をとる速度の相違に応じて、すなわち、販売の迅速さに応じて、同じ資本価値が生産物形成者および価値形成者として役立つ程度はおおいに異なり、再生産の規模は拡大または縮小されるであろう。与えられた一資本の作用度が、その資本自身の価値の大きさにはある程度まで依存しない、生産過程の諸力能によって条件づけられている、ということは、第一部で明らかにされた〔本訳書、第一巻、一〇五一―一〇五三ページ参照〕。ここでは、流通過程が、資本の価値の大きさには依存しない、資本の作用度――すなわち資本の膨張および収縮――の新たな諸力能を運動させることが明らかにされる。(46)

商品総量W′は、価値増殖された資本の担い手として、その全部がさらに変態W′―G′をなしとげなければならない。ここでは、販売されるものの量が本質的な規定となる。個々の商品は、いまではもはや総量全体の不可欠な部分としての役を演じるにすぎない。五〇〇ポンドの価値が一万重量ポンドの糸のなかに存在する。もし資本家が七四四〇重量ポンドだけを三七二ポンドというその価値で販売するのに成功するならば、彼は、彼の不変資本の価値、支出された生産諸手段の価値を補塡しただけである。もし八四四〇重量ポンドならば、前貸総資本の価値の大きさを補塡しただけである。彼は、剰余価値を実現するためには、もっと多く販売しなければならないのであり、七八ポンド（＝一五六〇重量ポンドの糸）という全剰余価値を実現するためには、一万重量ポンドの糸を全部販売しなければならない。したがって、五〇〇ポンドの貨幣で、彼は販売された商品の等価値を受け取るだけである。流通内部での彼の取り引きは、単純なW—Gである。もし彼が彼の労働者たちに五〇ポンドではなく六四ポンドの賃銀を支払ったとすれば、彼の剰余価値は七八ポンドではなくて六四ポンドにすぎず、搾取度は一五六％ではなくて一〇〇％にすぎないであろう。しかし、彼の糸の価値は相変わらずもとのままであろう。ただ、その価値の種々な部分の割合だけが変わるであろう。流通行為W—Gは、相変わらず五〇〇ポンドというその価値での一万重量ポンドの糸の販売であろう。

W′＝W＋w（＝422ポンド＋78ポンド）——Wは、Pすなわち生産資本の価値に等しく、この後者は、生産諸要素の購買G—Wに前貸しされたGの価値に等しい。われわれの例では、四二二ポンドである。この商品総量がその価値どおりに販売されるならば、Wは四二二ポンドに等しく、wは、一五六〇重量ポンドの糸という剰余生産物の価値である七八ポンドに等しい。貨幣で表現されたwをgと呼べば、W′—G′＝（W＋w）—（G＋g）であり、したがって、G—W…P…W′—G′という循環は、その明細な形態では、G—W$<^{A}_{Pm}$…P…（W＋w）—（G＋g）である。

第一段階で、資本家は使用財を本来の商品市場および労働市場から持ち去る。第三段階では、彼は商品を投げ返すが、ただし、ただ一つの市場、本来の商品市場にだけである。しかし彼は、自分の商品によって、自分が最初に市場に投げ入れたよりも多くの価値をふたたび市場から持ち去るのだが、それは、彼が最初に持ち去ったよりも大きい商品価値を投げ入れるからにほかならない。彼は価値G

を投げ入れ、そして等価値Ｗを持ち去った。彼は　Ｗ＋ｗ　を投げ入れ、そして等価値　Ｇ＋ｇ　を持ち去る。――Ｇはわれわれの例では八四四〇重量ポンドの糸の価値に等しかった。ところが彼は、一万重量ポンドを市場に投げ込むのであり、したがって、彼は自分が市場から取ったよりも大きい価値を市場に与える。他方では、彼がこの増大した価値を投げ入れたのは、彼が生産過程で剰余価値（剰余生産物で表わされた、生産物の可除部分としての）を労働力の搾取によって生産したからにほかならない。この過程の生産物としてのみ、商品総量は商品資本であり、増殖された資本価値の担い手である。W′―G′の遂行によって、前貸資本価値も剰余価値も実現される。この両者の実現は、W′―G′で表現される総商品量の順次の販売で、あるいはまた一括販売でも、同時に行なわれる。しかし、同じ流通経過W′―G′も、それが資本価値の場合と剰余価値の場合とでは、それぞれにとっては双方の流通の異なる一段階を表現する限りで、すなわち双方が流通の内部で経過すべき変態系列のなかの異なる一部分を表現する限りで、違っている。ｗすなわち剰余価値は、生産過程の内部ではじめて生み出された。だからそれは、はじめて商品市場に、しかも商品形態で現われる。商品形態は剰余価値のはじめての流通形態であり、したがってｗ―ｇという行為も剰余価値のはじめての流通行為またはそのはじめての変態であり、したがって、この変態は反対の流通行為または逆の変態ｇ―ｗによってさらに補足されなければならない(五)。(47)

(五)　このことは、資本価値と剰余価値とをどのように分割しても、同じくあてはまる。一万重量ポンドの糸には一五六〇重量ポンド＝七八ポンドの剰余価値が含まれているが、一重量ポンドの糸＝一シリングにも同様に二・四九六オンス[*1]＝一・八七二ペンス[*2]の剰余価値が含まれている。

＊１〔一オンス＝$\frac{1}{16}$重量ポンド〕

＊２〔一ポンド＝二〇シリング＝二四〇ペンス。なお、初版および第二版では「一・七二八ペンス」となっていた〕

資本価値Wが同じ流通行為W′—G′で行なう流通については事情は異なるのであって、このW′—G′は、資本価値Wにとっては流通行為W—Gであり、そこではW＝P〔生産資本の価値〕で、最初に前貸しされたGに等しい。資本価値は、その最初の流通行為を、Gとして、貨幣資本として開始し、W—Gという行為によって同じ形態に復帰する。このように、それは、（一）G—Wと（二）W—Gという二つの反対向きの流通局面を経過して、ふたたび、同じ循環過程を新たに開始しうる形態にある。剰余価値にとっては、商品形態の貨幣形態へのはじめての転化であるものが、資本価値にとっては、その最初の貨幣形態への復帰または再転化である。

（48）　$G—W\left\langle\begin{array}{l}A\\Pm\end{array}\right.$によって、貨幣資本は、等価値額の商品総額AおよびPmに転換された。これらの商品は、ふたたび商品として、販売物品として機能することはない。それらの価値は、いまやそれらの買い手の手中に、資本家の手中に、彼の生産資本Pの価値として存在する。そして、Pの機能である生産的消費において、それらの商品は、生産諸手段とは素材的に異なる一つの商品種類、すなわち糸に転化され、この糸において、それらの商品の価値は単に維持されるだけでなく、四二二ポンドから五〇〇ポンドに増大する。この現実的変態によって、第一段階G—Wで市場から持ち去られた諸商品は、素材的にも価値的にも異なる商品に置き換えられ、それがこんどは商品として機能して、貨幣に転化され、販売されなければならない。だから生産過程は、資本価値の流通過程の中断としてのみ現われるのであり、このときまでには、資本価値の流通過程のうちの第一局面Ｇ―Ｗが経過しているだけである。資本価値は、Ｗが素材的および価値的に変化したのち、第二の、終結の局面Ｗ―Ｇを経過する。しかし、資本価値をそれだけで取り上げて考察する限りでは、それは生産過程でその使用形態の変化を受けただけである。それは、ＡおよびPmのうちに四二二ポンドの価値として存在したが、いまやそれは八四四〇重量ポンドの糸の、四二二ポンドの価値として存在する。したがって、剰余価値から切り離されて考えられた資本価値の流通過程の両局面だけを考察すれば、この資本価値は（一）Ｇ―Ｗと、（二）Ｗ―Ｇとを経過するのであり、この場合第二のＷは、第一のＷとは使用形態は変わっているが、価値は同じである。すなわち、資本価値は、Ｇ―Ｗ―Ｇ――貨幣から商品への転化および商品から貨幣への転化という反対の方向での商品の二重の場所変換によって、貨幣として前貸しされた価値の貨幣形態への復帰すなわち前貸価値の貨幣への再転化を必然的に生じさせる流通形態――を経過するのである。

貨幣で前貸しされた資本価値にとっては、第二の、終結の変態であり貨幣形態への復帰であるこの同じ流通行為Ｗ′―Ｇ′が、同時に商品資本によって一緒に担われ商品資本の貨幣形態への転換によって一緒に実現される剰余価値にとっては、第一の変態、商品形態から貨幣形態への転化、Ｗ―Ｇ、第一の流通局面である。

したがって、ここでは二つのことが注意されなければならない。第一に、最初の貨幣形態への資本価値の最終的再転化は、商品資本の機能である。第二に、この機能は、その最初の商品形態から貨幣形態への剰余価値のはじめての形態転化を含む。すなわち貨幣形態は、ここでは二重の役割を演じる。それは、一方では、最初に貨幣で前貸しされた価値の復帰形態であり、したがって、過程を開始した価値形態への復帰である。それは、他方では、最初に商品形態で流通にはいる価値のはじめての転化形態である。商品資本を構成する諸商品が、ここで前提されているように、その価値どおりに販売されるとすれば、W＋w は等価値の G＋g に転化される。この G＋g（422ポンド＋78ポンド＝500ポンド）という形態で、実現された商品資本がいまや資本家の手中に存在する。資本価値と剰余価値とは、いまや貨幣として、すなわち一般的等価形態で、現存する。

（49）

このように、過程の終わりには、資本価値は、ふたたび、それが過程にはいったときと同じ形態にあり、したがって、貨幣資本としてふたたび新たに過程を開始し、経過することができる。過程の出発形態および終結形態が貨幣資本（G）の形態であるからこそ、循環過程のこの形態はわれわれによって貨幣資本の循環と呼ばれるのである。過程の終わりに変化しているのは、前貸しされた価値の形態ではなく、その大きさだけである。

G＋g は、一定の大きさ――われわれの場合では五〇〇ポンド――の貨幣額以外のなにものでもない。しかし、資本の循環の結果としては、実現された商品資本としては、この貨幣額は資本価値と剰余価値とを含む。しかも、これらの二つは、いまはもう糸のなかでのように互いに癒着し合ってはいない。それらはいまや互いにならび合っている。それらの実現が両者のそれぞれに自立的な貨幣形態を与えたのである。その $\frac{211}{250}$ は資本価値、四二二ポンドであり、その $\frac{39}{250}$ は七八ポンドの剰余価値である。商品資本の実現によって引き起こされたこの分離は、すぐ述べるような形式上の内実をもつだけではない。この分離は、ｇがＧに全部つけ加えられるか、一部分がつけ加えられるか、またはまったくつけ加えられないかに応じて、すなわちｇが前貸資本価値の構成部分として機能し続けるかし続けないかに応じて、資本の再生産過程において重要になる。ｇとＧとがまったく異なる流通を経過することもありうる。

Ｇ′において、資本はふたたびその最初の形態Ｇに、それの貨幣形態に復帰している――しかしそれは、資本が資本として実現されている形態においてである。

第一に、そこには量的な差がある。資本はＧ、四二二ポンドであった。それがいまやＧ′、五〇〇ポンドであり、この差は、量的に異なる循環の両極Ｇ…Ｇ′で表現され、循環の運動そのものは点線…によって示されているだけである。Ｇ′はＧよりも大きく、Ｇ′マイナスＧはＭすなわち剰余価値に等しい。――しかし、この循環Ｇ…Ｇ′の結果としてはいまではもうＧ′が存在するだけである。それは生産物であり、この生産物ではそれの形成過程は消えてしまっている。Ｇ′はいまや、それを生み出した運動から独立して、自立的にそれだけで存在する。運動は過ぎ去り、それに代わってＧ′がそこにある。

しかし、Ｇ＋ｇ としてのＧ′、四二二ポンドの前貸資本プラスその増分七八ポンドとしての五〇〇ポンドは、同時に質的関係を表わす――とはいえ、この質的関係そのものは、同名の総額の諸部分の関係としてのみ、すなわち量的関係としてのみ、存在するのであるが。いまやふたたびその最初の形態（四二二ポンド）で現存する前貸資本Gは、いまでは実現された資本として存在する。それは自己を維持しただけでなく、自己を資本としてg（七八ポンド）から区別することによって――このgにたいしてGは、自己の増加分、自己の果実、G自身によって生み出された増分にたいする関係として、関係づけられている――自己を資本としても実現した。Gは資本として実現されている。なぜなら、（50）価値を生み出した価値として実現されているからである。G′は資本関係として存在する。Gはもはや単なる貨幣として現われるのではなく、はっきりと貨幣資本として措定されており、自己を増殖した価値として、したがってまた自己を増殖し自己自身がもっているよりも多くの価値を生み出す属性をもつ価値として、表現されている。Gは、G′のうちの他の部分――すなわち、Gによって措定されたもの、原因としてのGから生じたものとしての、Gを根拠とする帰結としての他の部分――にたいする自己の関係によって、資本として措定されている。こうして、G′は、自己のなかで分化し、それ自身のなかで機能的（概念的）に自己を区別し、資本関係を表現する価値総額として現われる。

しかし、この関係は、結果として、この結果を生じる過程の媒介なしに、表現されているにすぎない。

価値の諸部分は、それらが異なる諸物品すなわち具体的な諸物の価値として、したがって異なる使用諸形態で現われる場合、それゆえ異なる諸商品体の価値として現われる場合をのぞけば、価値の諸部分として質的に互いに区別されはしない――このような区別、それは単なる価値の諸部分としてのそれ自体からは生じない。貨幣においては、諸商品の相違はすべて消滅している。なぜなら、貨幣こそは諸商品のすべてに共通な等価形態だからである。五〇〇ポンドという貨幣総額は、一ポンドというまったく同名の諸要素からなっている。この貨幣総額の単純な定在においては、この貨幣総額の由来の媒介が消えてしまい、異なる資本構成部分が生産過程でもっている独自な差異の痕跡がすべて消えうせているから、もはや区別は、四二二ポンドの前貸資本に等しい元金《ハウプトズメ》（英語ではprincipal）と、七八ポンドの超過価値額という、没概念的*形態で存在するにすぎない。たとえば、G′＝一一〇ポンドで、そのうち一〇〇ポンドは元金G、一〇ポンドは剰余価値Mであるとしよう。一一〇ポンドという総額の二つの構成部分のあいだには、絶対的な同質性、すなわち概念的無区別性が支配している。任意の一〇ポンドは、それが前貸元金一〇〇ポンドの $\frac{1}{10}$ であろうと、元金を超える一〇ポンドという超過額であろうと、つねに一一〇ポンドという総額の $\frac{1}{11}$ である。だから、元金と増加額、資本と剰余額は、総額の分数として表現可能である。われわれの例では、$\frac{10}{11}$ は元金、言い換えれば資本をなし、$\frac{1}{11}$ は剰余額をなす。だから、この場合には、実現された資本は、その過程の終わりに、それの貨幣表現で現われるが、これはまさに資本関係の没概念的表現である。

＊〔草稿による。初版および第二版では「概念的」となっていた〕

もちろん、このことはW′（＝W＋w）についても言える。しかし、次のような区別がある。すなわち、W′においてはWとwとはやはり同質の同じ商品総量の比率的価値諸部分にすぎないとはいえ、
(51) このW′は、W′をその直接の生産物とする自己の起源Pを示すが、これにたいして、直接に流通から生じ

てくる形態であるG′においては、Pとの直接の関連は消えうせている、という区別である。

G′がG…G′という運動の結果を表現する限りでG′のうちに含まれている元金と増加額との没概念的区別は、G′が能動的に貨幣資本としてふたたび機能するやいなや、すなわち、逆に、増殖された産業資本の貨幣表現として固定されることがなければ、ただちに消えうせる。貨幣資本の循環は、決してG′では始まることができず（G′はいまやGとして機能するけれども）、Gで始まることができるだけである。すなわち、決して資本関係の表現としてではなく、資本価値の前貸形態として始まることができるだけである。五〇〇ポンドが、あらためて価値増殖するためにあらためて資本として前貸しされれば、もう五〇〇ポンドは復帰点ではなく出発点である。四二二ポンドの資本に代わって、いまでは五〇〇ポンドの資本が、以前よりも多くの貨幣が、より多くの資本価値が、前貸しされているのであるが、しかし二つの構成部分のあいだの関係はなくなり、最初から四二二ポンドという金額でなく五〇〇ポンドという金額が資本として機能することができた場合とまったく同じことである。

自己をG′として表わすことは、貨幣資本の能動的機能ではない。G′としての自己自身の表示は、むしろW′の機能である。すでに単純な商品流通である（一）W_1—G、（二）G—W_2において、Gは第二の行為G—W_2においてはじめて能動的に機能する。Gとしての自己表示は、第一の行為——この行為によってGははじめてW_1の転化形態として登場する——の結果であるにすぎない。G′に含まれている資本関係、すなわち、資本価値としてのG′の一部分の、その価値増分としての他の部分にたいする関連は、循環G…G′の絶え間ない反復にさいして、G′が資本流通と剰余価値流通との二つの流通に分裂する限りでは、したがって両部分が単に量的にのみでなく質的にも異なる機能を果たし、Gがgとは別な機能を果たす限りでは、確かに機能的意義を受け取る。しかしそれ自体として考察すれば、G…G′という形態は、資本家の消費を含まず、明白に自己増殖と蓄積――さしあたり後者が絶えずまた新たに前貸しされる貨幣資本の周期的増大で表現される限りにおいて――とだけを含む。

G′＝G＋g は、資本の没概念的形態であるとはいえ、同時に、まずは、実現された形態にある貨幣資本であり、貨幣を生み出した貨幣としての貨幣資本である。ここでは、しかし、第一段階 $G-W\left\langle\begin{matrix}A\\Pm\end{matrix}\right.$ における貨幣資本の機能とは区別されなければならない。Gはこの第一段階では貨幣として流通する。このGが貨幣資本として機能するのは、それがその貨幣状態においてのみ貨幣機能を果たすことができ、それに諸商品として相対するPの諸要素、AおよびPmに転換することができるからである。(52) この流通行為では、それは貨幣としてのみ機能する。しかし、この行為は、過程進行中の資本価値の第一段階であるから、同時に、購買される商品AおよびPmの独自な使用形態のおかげで、貨幣資本の機能なのである。これにたいして、資本価値Gとそれによって生み出された剰余価値gとから構成されるG′は、増殖された資本価値を、資本の総循環過程の目的および結果を、この過程の機能を、表現する。G′がこの結果を貨幣形態で、実現された貨幣資本として表現するということは、G′が資本の貨幣形態であり貨幣資本であるということから生じるのではなく、逆に、それが貨幣資本、貨幣形態にある資本であるということ、資本がこの形態で過程を開始し、貨幣形態で前貸しされたということから生じる。上述したように、貨幣形態への再転化は、商品資本W′の機能であって、貨幣資本の機能ではない。しかし、G′とGとの差額について言えば、この差額（g）は、Wの増分であるwの貨幣形態にほかならない。G′＝G＋g であるのは、W′＝W＋w であったからにほかならない。すなわち、この差額と、資本価値の、それによって生み出された剰余価値にたいする関係とは、この両者がG′に、すなわち、両価値部分が自立して互いに相対し合い、したがってまた自立的で相互に異なる諸機能に使用可能な貨幣額に、転化される以前に、W′において現存しかつ表現されているのである。

G′はW′の実現の結果にほかならない。両者、W′もG′も、増殖された資本価値の異なる諸形態――商品形態と貨幣形態――にほかならないのであり、増殖された資本価値であることは、両者に共通である。両者とも実現された資本である。なぜなら、ここでは資本価値そのものが、それとは異なる、それによって得られた果実としての剰余価値と一緒に存在するからである――とはいえ、この関係は、ある貨幣額またはある商品価値の二つの部分の関係という没概念的形態で表現されているにすぎないが。しかし、資本によって生み出された剰余価値との関連および区別における資本の表現としては、すなわち増殖された価値の表現としては、G′とW′とは同じものであり、また同じものを――ただ異なる形態で――表現する。それら〔G′とW′〕は、貨幣資本および商品資本として区別されるのではなく、貨幣および商品として区別される。それらが増殖された価値、すなわち、資本として実証された資本を表わす限りでは、それらは、生産資本の機能の結果を、資本価値が価値を生むという唯一の機能の結果を、表現するだけである。それらに共通なものは、それら両者、すなわち貨幣資本および商品資本が、資本の存在様式であるということである。*一方は貨幣形態にある資本であり、他方は商品形態にある資本である。だから、それらを区別する独自的機能は、貨幣機能と商品機能との区別以外のなにものでもありえない。商品資本は、資本主義的生産過程の直接的生産物として、このようなそれの起源を思い出させるのであり、したがって、その形態においては、資本主義的生産過程のあらゆる痕(55)跡が——およそ貨幣において商品のいっさいの特殊的使用形態が消滅するように——消滅してしまっている貨幣資本に比べて、より合理的で没概念的ではないのである。だから、G'の特異な形態が消えうせるのは、G'そのものが商品資本として機能する場合、すなわちG'が生産過程の直接的生産物であってこの生産物の転化形態ではない場合だけである——すなわち、貨幣材料そのものの生産の場合である。たとえば金生産については、定式は$G—W<\begin{matrix}A\\Pm\end{matrix}\cdots P\cdots G'$（$G+g$）であろう。ここでは$G'$が商品生産物の役をつとめる。なぜなら、Ｐは、金の生産諸要素のために最初のＧすなわち貨幣資本の形で前貸しされたよりも多くの金を供給するからである。したがって、この場合には、$G\cdots G'$（$G+g$）という表現——ここではある貨幣額の一部分が同じ貨幣額の他の部分の生みの母として現われる——の不合理さが消えうせる。

＊〔エンゲルスの編集原稿では、このあとに、次のような一文がある。「それらの相違は、それらが同じ資本の異なる存在様式であるということである」。マルクスの草稿では、この部分は、次のようになっている。「貨幣資本と商品資本とに共通しているもの（価値増殖した資本としても）は、それら両者が資本の諸形態、諸存在様式であるということである。したがって、資本性格はそれらに共通なものである。それらを区別するものは、それらが資本の異なる現象形態であることであり、したがって、貨幣および商品というこれらの

形態の区別である〕

第四節　総 循 環*

*〔節の区分および表題はエンゲルスによる〕

上述したように、流通過程はその第一局面$G-W<\begin{matrix}A\\Pm\end{matrix}$の終了後、P〔ここでは「生産過程」の意〕によって中断され、このPでは市場で購買された商品AおよびPmがこんどは生産資本の素材的および価値的構成部分として消費される。この消費の産物は、素材的および価値的に変化した新しい一商品W′である。中断された流通過程G—Wは、W′—Gによって補足されなければならない。しかし、この第二の終結の流通局面の担い手としては、W′、すなわち、第一のWとは素材的および価値的に異なる商品が、現われる。したがって、流通系列は、（一）$G-W_1$、（二）W'_2-G'として表わされ、この場合、第二局面において、Pの機能によって引き起こされた中断中に、すなわち生産資本Pの定在諸形態であるWの諸要素からのW′の生産中に、はじめの商品W_1はより高い価値と異なる使用形態とをもつ他の商品W'_2に置き換えられている。これにたいして、資本がわれわれの前に立ち現われた最初の現象形態（第一部、第四章、第一節〔本訳書、第一巻、二五五ページ以下〕）G—W—G′（これは（一）$G-W_1$と（二）W_1-G'とに分解される）は、同じ商品を二度示している。第一局面で貨幣が転化する商品と、第二局面でより多くの貨幣に再転化する商品とは、二回とも同じ商品である。この本質的相違にもか

かわらず、両方の流通〔（一）G—W_1と（二）W'_2—G′の流通、および（一）G—W_1と（二）W_1—G′の流通〕に共通な点は、その第一局面では貨幣が商品に転化され、第二局面では商品が貨幣に転化されること、すなわち、第一局面で支出された貨幣が第二局面でふたたび還流することである。両方の流通に共通な点は、一方では、このように貨幣がその出発点に還流すること、しかしまた他方では、還流してくる貨幣が前貸しされた貨幣を超過することである。その限りでは、G—W…W′—G′も、一般的定式G—W—G′のうちに含まれて現われる。

（56）

＊さらにここで明らかになることは、流通に属する両方の変態G—WおよびW′—G′においては、そのつど同じ大きさの、同時的に現存する価値存在が相対し、互いに置き換えられることである。価値変化は、もっぱら変態Pに、生産過程に、属するのであり、したがって、生産過程は、流通の単に形態上の諸変態にたいして、資本の実質的な変態として現われる。

＊〔このパラグラフは第六草稿をもとにして書かれている〕

次に、総運動G—W…P…W′—G′またはそれの明細な形態G—W＜$\begin{matrix}A\\Pm\end{matrix}$…P…W′（W＋w）—G′（G＋g）を考察しよう。ここでは資本は一つの価値として、連関し合い互いに制約し合う一系列の諸転化を経過し、一つの総過程の、それと同数の諸局面または諸段階をなす一連の変態を経過するものとして、現われる。これら諸局面のうち、二つは流通部面に属し、一つは生産部面に属する。これらの局面のそれぞれにおいて資本価値は異なる姿態にあり、この姿態にそれぞれ異なる一つの独特な機能が照応する。この運動の内部において、前貸価値は、みずからを維持するだけでなく、成長し、その大きさを増す。最後に終結段階で、前貸価値は、総過程の始めに現われたのと同じ形態に復帰する。だから、この総過程は循環過程である。

資本価値がその流通段階の内部でとる二つの形態は、貨幣資本および商品資本という形態である。生産段階に属するその形態は、生産資本という形態である。総循環の経過中にこれらの形態を身につけてはまた脱ぎ、それぞれの形態においてその形態に照応する機能を果たす資本は、産業資本である——産業とは、ここでは、資本主義的に経営されるあらゆる生産部門を包括する資本、という意味である。

したがってここでは、貨幣資本、商品資本、生産資本は、自立的な資本諸種類、すなわち、それらの機能が同じく自立的な相互に分離された事業諸部門の内容をなしているような自立的な資本諸種類を言い表わすのではない。これら三つの資本は、ここではただ産業資本の特殊な機能諸形態を言い表わすだけであり、産業資本はこれら三つのすべての機能形態をつぎつぎにとるのである。

資本の循環は、それのさまざまな局面が互いに停滞することなく移行していく限りでのみ、正常に進行する。もし資本が第一局面Ｇ—Ｗで停滞すれば、貨幣資本は凝固して蓄蔵貨幣となる。もし生産局面で停滞すれば、一方の側には生産諸手段が機能しないで横たわり、他方の側には労働力が就業しない状態におかれたままである。もし最後の局面Ｗ′—Ｇ′で停滞すれば、売れないで山と積まれた商品が流通の流れをせきとめる。

他方において、循環そのものが、一定の期間、循環の個々の部分において資本の固着化を生じさせ

（59）ることは、理の当然である。産業資本は、その諸局面のそれぞれにおいて、一定の形態に――貨幣資本、生産資本、商品資本として――縛りつけられている。産業資本は、そのときどきの形態に照応した機能をなしとげたあとでのみ、新たな転化局面にはいり込むことのできる形態を受け取る。このことを明らかにするために、われわれの例では、生産段階で生産された商品総量の資本価値は、最初に貨幣として前貸しされた価値の総額に等しいと仮定した。言い換えれば、貨幣として前貸しされた資本価値は全部がいちどきに一つの段階からそのつど、次に続く段階にはいると仮定した。しかし、すでに見たように（第一部、第六章〔本訳書、第一巻、三四七ページ以下。とくに三五三―三五四ページ〕）、不変資本の一部分である本来の労働諸手段（たとえば機械）は、同じ生産諸過程の多かれ少なかれ何回かの反復において、絶えずまた新たに役に立ち、したがってまた、その価値を一部分ずつしか生産物に引き渡さない。この事情がどの程度まで資本の循環過程を修正するかは、のちに示されるであろう。ここでは次のことだけで十分である。われわれの例では、生産資本の価値＝四二二ポンドは、工場建物、機械などの平均的に計算された摩滅分だけを、すなわち、一万六〇〇重量ポンドの綿花を一万重量ポンドの糸に転化するさいに、これらの労働諸手段が、後者〔一万重量ポンドの糸〕に――すなわち、毎週六〇時間の紡績過程の生産物に――移転する価値部分だけを、含んでいた。したがってまた、前貸不変資本三七二ポンドが転化する生産諸手段のうちに、建物、機械などの労働諸手段は、あたかも市場で毎週の分割払いで賃借りされたにすぎないかのように現われた。とはいえ、このことは事態を絶対になに一つ変えない。一週間のうちに生産される糸の量一万重量ポンドに、何年かについて計算された週の数を掛けるだけでよいのであり、そうすれば購買されてこの期間に使い尽くされた労働諸手段の全価値が糸に移転されるのである。こうして、前貸貨幣資本は、生産資本Ｐとして機能することができるまえに、まずこれらの〔労働諸〕手段に転化されていなければならないこと、すなわち第一段階Ｇ―Ｗからすでに抜け出していなければならないことは明らかである。それと同様に、われわれの例で、生産過程中に糸に合体される資本価値額四二二ポンドは、糸ができあがるまえには、一万重量ポンドの糸の価値構成部分として流通局面Ｗ′―Ｇ′にはいり込むことができないことも明らかである。糸は紡がれるまえには販売されることはできない。(60)

一般的定式では、Ｐの生産物は、生産資本の諸要素とは異なる物質的な物、すなわち、生産過程から分離された存在をもつ一対象、生産諸要素の使用形態とは異なる使用形態をもつ一対象とみなされる。そして、このことは、生産過程の結果が物として現われる場合にはいつでもそうであり、生産物の一部分が、更新された生産にふたたび要素としてはいり込む場合でさえも、やはりそうである。たとえば、穀物は種子としてそれ自身の生産に役立つ。しかし、生産物は穀物だけからなっており、したがって、一緒に使用された諸要素である労働力、用具、肥料とは異なる姿態をもつ。ところが、生産過程の生産物が新たな対象的生産物でなく、商品でないような自立的な産業諸部門がある。そのうちで経済的に重要なのは交通業――商品と人間を運ぶ本来の輸送業であれ、単に報道、手紙、電信などの伝達であれ――だけである。(六)

これについてＡ・チュプローフは次のように言う――「工場主はまず物品を生産し、それからそれの消費者を求めることができる」。〔彼の生産物は、完成品として生産過程から放出されたあと、生産過程とは分離された商品として流通へと移っていく。〕「こうして、生産と消費とは、空間的にも時間的にも分離された二つの行為として現われる。新たな生産物をつくり出すのではなく、人間と物とを移すにすぎない輸送業では、この両方の行為が一つに融合している。その〔原文は「鉄道の」〕役立ち」〔〔場所の変更〕〕「は、それが生産されるのと同じ瞬間に消費されなければならない〔原文は「消費される」〕。だから、鉄道が顧客〔原文は「自己の役立ちの販路」〕を求めうる区域は、せいぜい両側五〇ヴェルスタ」（五三キロメートル）「におよぶだけである」。

㈥　A・チュプローフ『鉄道経済』、モスクワ、一八七五年、七五、七六〔正しくは六九、七〇〕ページ。

その結果は――輸送されるものが人間であろうと商品であろうと――それらの所在場所の変更であり、たとえば、糸がいまや、それが生産されたイギリスにではなくインドにあるということである。ところで、輸送業が販売するものは、場所の変更そのものである。生み出される有用効果は、輸送過程すなわち輸送業の生産過程と不可分に結びつけられている。人間と商品は輸送手段と一緒に旅をする。そして、輸送手段の旅、輸送手段の場所的運動こそが、まさに輸送手段の作用によって生じる生産過程なのである。その有用効果は、生産過程のあいだだけ消費可能である。その有用効果は、この過程とは異なる使用物――すなわち、その生産後にはじめて取引物品として機能し、商品として流通する使用物――としては存在しない。しかし、この有用効果の交換価値は、他のどの商品の交換価値とも同じく、その有用効果〔の生産〕に消費された生産諸要素（労働力および生産諸手段）の価値、

(61)プラス、輸送業に就業している労働者たちの剰余労働が創造した剰余価値、によって規定されている。この有用効果は、その消費についても、他の商品とまったく同じである。それが個人的に消費されるならば、その価値は消費とともに消えうせる。それが生産的に消費されるならば、したがって、それ自身が輸送中の商品の一生産段階であるならば、その価値は、追加価値としてその商品そのものに移転される。したがって、輸送業についての定式は、$G—W<{A \atop Pm}\cdots P—G'$であろう。というのは、生産過程から分離可能な生産物ではなく、生産過程そのものが、支払われ消費されるからである。したがってこの定式は、貴金属生産についての定式とほとんどまったく同じ形態をもつのであり、ただ、輸送業ではG'は生産過程中に生み出された有用効果の転化形態であって、この過程中に生み出されてそこから放出された金または銀の現物形態でないだけのことである。

産業資本は、剰余価値または剰余生産物を取得することだけでなく、それを創造することも同時に資本の機能とする、資本の唯一の定在様式である。だから、産業資本は、生産の資本主義的性格の条件となる。産業資本の定在は、資本家と賃労働者との階級対立の定在を含む。産業資本が社会的生産を支配する程度に応じて、労働過程の技術と社会的組織とが変革され、それと同時に社会の経済的歴史的類型が変革される。産業資本以前に、過去の、または没落しつつある社会的生産状態のまっただなかに現われた他の諸種類の資本は、産業資本に従属させられ、そして自己の諸機能の機構の点で産業資本に適応するように変化させられるだけでなく、もはや産業資本の基礎上でしか運動せず、したがって、自己のこの基礎〔産業資本〕と生死存亡をともにする。貨幣資本と商品資本とは、それらの諸機能によって独自の事業部門の担い手として産業資本とならんで登場する限りで、もはや、産業資本が流通部面の内部で身につけたり脱いだりするさまざまな機能形態の、社会的分業によって自立化され一面的に発達させられた存在様式であるにすぎない。

循環G…G′は、一方では一般的商品流通とからみ合い、それから出てはまたそれにはいり込み、それの一部分をなす。他方では、この循環は、個別資本家にとっては資本価値の独自な自立的運動——すなわち、一部は一般的商品流通の内部で行なわれ、一部はその外部で行なわれるが、しかしつねにその自立的性格を保持する運動——を形成する。それは、第一に、流通部面で行なわれるこの運動の
(62) 両局面G—WとW′—G′とが、資本運動の諸局面として機能的に規定された性格を有するからである。すなわち、G—Wでは、Wは労働力および生産諸手段として素材的に規定されており、W′—G′では、資本価値は剰余価値をプラスして実現される。第二に、生産過程Pが生産的消費を含むからである。第三に、運動の出発点への貨幣の復帰が、運動G…G′を、それ自身において終結する循環運動にするからである。

したがって、一方で、各個別資本は、その流通の前半と後半の二つの部分G—WおよびW′—G′において、一般的商品流通——そのなかで各個別資本は、貨幣としてもしくは商品として、機能しまたは連結されている——の起動力を形成し、このようにして、それ自身、商品世界の一般的変態系列のなかの一環を形成する。他方で、各個別資本は、一般的流通の内部でそれ自身の自立的循環を進行し、この循環のなかで生産部面は一つの経過段階を形成し、そしてこの循環のなかで各個別資本は出発し

たときと同じ形態でその出発点に復帰する。同時に、各個別資本は、生産過程におけるその現実的変態を含むそれ自身の循環の内部で、その価値の大きさを変える。それは、単に貨幣価値として復帰するのではなく、増大し、成長した貨幣価値として復帰する。

最後に、G—W…P…W′—G′を、資本の循環過程の特殊な形態として、のちに研究されるべき他の諸形態と比べて、考察するならば、この循環は次の諸点できわ立っている。

（一）それは、貨幣資本の循環として現われる。なぜなら、産業資本が、その貨幣形態において、貨幣資本として、その総過程の出発点および復帰点をなしているからである。この定式そのものが、貨幣はここでは貨幣として支出されるのではなく、前貸しされるだけであり、したがって資本の貨幣形態、貨幣資本でしかないことを表現する。この定式は、さらに、使用価値でなく交換価値が運動の規定的自己目的であることを表現する。価値の貨幣姿態が、価値の手でつかみうる自立的な現象形態であるからこそ、その出発点および終結点が現実の貨幣である流通形態G…G′は、金儲け、すなわち資本主義的生産の推進的動機を、もっとも明白に表現する。生産過程は、金儲けのための避けられない中間の環——必要悪——としてのみ現われる。〔だから、資本主義的生産様式のすべての国民は、周期的に、生産過程の媒介なしに金儲けをなしとげようとする思惑〔投機熱〕に襲われる。〕*

*〔この括弧は、第二版でエンゲルスによってつけられた〕

（二）生産段階、すなわちPの機能は、この循環のなかで、G—W…W′—G′という流通の二つの局面の中断をなすが、それはまた単純流通G—W—G′を媒介するものでしかない。生産過程は、循環過

(63)程のこの形態そのものにおいて、形態的に、かつ明確に、資本主義的生産様式のなかにある生産過程として、前貸価値の増殖のための単なる手段として現われ、したがって、致富そのものが生産の自己目的として現われる。

(三) 諸局面の系列はG—Wによって開始されるから、流通の第二の環はW′—G′である。したがって、出発点はG、増殖されるべき貨幣資本であり、終結点はG′、増殖された貨幣資本G＋gであって、そのなかではGは実現された資本として、それの新芽のgとならんで現われる。このことは、循環Gを他の二つの循環PおよびW′から区別する——しかも二重の仕方で。一方では、両極の貨幣形態によって。しかし、貨幣は、価値の手でつかみうる自立的な存在形態であり、諸商品の使用価値のすべての痕跡が消滅している自立的な価値形態にある生産物の価値である。他方では、P…Pという形態は必ずしもP…P′(P＋p)とはならず、またW′…W′という形態ではおよそ両極のあいだの価値の差はなんら見られない。——したがって、定式G…G′に特徴的なことは、一方では、資本価値が出発点をなし、増殖された資本価値が復帰点をなすこと、その結果、資本価値の前貸しが全操作の手段として現われ、増殖された資本価値が全操作の目的として現われることであり、他方では、この関係が貨幣形態で、自立的な価値形態で表現され、したがって、貨幣資本が貨幣を生む貨幣として表現されていることである。価値による剰余価値の産出が、過程のアルファとオメガ〔核心〕として表現されているだけでなく、光りきらめく貨幣形態ではっきり表現されている。

(四) G—Wを補足しかつ終結する局面であるW′—G′の結果としての、実現された貨幣資本G′は、この貨幣資本がその最初の循環を始めたときと完全に同じ形態にあるので、その循環から出てくるとともに、増大した（蓄積された）貨幣資本　G′＝G＋g　としてふたたび同じ循環を開始することができる。そして、循環の反復にさいしてgの流通がGの流通から分離するということは、少なくともG…G′という形態では表現されていない。だから、貨幣資本の循環は、その一回だけの姿態で考察すれば、形態的には、価値増殖過程および蓄積過程だけを表現する。消費は、この循環のなかではG—$W<^{A}_{Pm}$によって生産的消費としてだけ表現されており、生産的消費だけが、個別資本のこの循環のなかに含まれている。G—Aは、労働者の側からすれば、A—GまたはW—Gである。すなわち、彼の個人的消費を媒介する流通A—G—W（生活諸手段）の第一局面である。第二局面G—Wはもはや個別資本の循環にははいらない。しかし、第二局面はこの循環によって準備され、この循環の前提と（64）なっている。なぜなら、労働者が、資本家の搾取可能な材料としてつねに市場に存在しているためには、彼はなによりもまず生活しなければならず、したがって個人的消費によって自己を維持しなければならないからである。しかし、この消費そのものは、ここでは、資本による労働力の生産的消費の条件としてのみ、したがってまた、労働者がその個人的消費によって自己を労働力として維持し再生産する限りでのみ、前提されている。ところが、循環にはいり込む本来の諸商品Pmは、生産的消費の食材をなすにすぎない。A—Gという行為は、労働者の個人的消費を、生活諸手段の彼の血と肉とへの転化を媒介する。もちろん、資本家として機能するためには、資本家も実在しなければならず、したがってまた生活して消費しなければならない。そのためには、彼は実際には労働者と同じだけ消費しさ

えすればよいであろうし、したがって、それ以上のことは流通過程のこの形態では前提されていない。形態的にはそういうことさえ表現されていない。なぜなら、この定式は、G′で、すなわち増大した貨幣資本としてすぐにまた機能しうる結果で、終結するからである。

W′―G′にはW′の販売が直接に含まれている。しかし、一方の側からの販売W′―G′は、他方の側からの購買G―Wであって、商品は究極的にはその使用価値のためにのみ購買され、(中間販売を別とすれば) 消費過程――この消費過程が、購買された物品の性質に応じて、個人的なそれであろうと、生産的なそれであろうと――にはいり込む。しかし、この消費は、W′を生産物とする個別資本の循環にははいり込まない。この生産物は、まさに販売されるべき商品として循環から突き出される。このW′は明らかに他人の消費にあてられることになっている。だから、重商主義*(定式G―W…P…W′―G′がその基礎になっている) の代弁者たちのもとで、非常に冗長なお説教――個々の資本家は労働者と同じだけを消費すべきであり、また、資本家国家は、自国の商品の消費および一般に消費過程を、他の愚かな諸国民にまかせ、それにたいして生産的消費を自分の一生の事業にすべきだ、ということについてのお説教が行なわれているのである。これらのお説教は、しばしば、形式から見ても内容から見ても、教父たちのこれにそっくりの禁欲的訓戒を思い起こさせる。

＊〔輸出超過による金銀の流入が国富の増大に不可欠であり、そのために貿易統制が必要であるとする一七世紀と一八世紀前半にイギリスなどで唱えられた経済理論と経済政策〕

＊

＊〔この区分線は、草稿にはない〕

このように、資本の循環過程は、流通と生産との統一であり、この両者を包含する。両局面G―WとW′―G′とが流通経過である限りでは、資本の流通は一般的商品流通の部分をなす。しかし、流通部(65)面にだけでなく生産部面にも属する資本循環のなかの、機能的に規定された諸部分、諸段階としては、資本は、一般的商品流通の内部でそれ独自の循環を行なう。一般的商品流通は、資本にとっては、第一段階では、資本が生産資本として機能しうる姿態をとるのに役立ち、第二段階では、資本が、みずからの循環を更新しえない商品形態＊を捨て去るのに役立つ。同時にそれは、資本にとっては、それ自身の資本循環を、資本に着生した剰余価値の流通から分離する可能性を開くのに役立つ。

＊〔草稿および初版による。第二版では「商品機能」となっている〕

だから、貨幣資本の循環は、産業資本の循環のもっとも一面的な、したがってもっとも適切でもっとも特徴的な現象形態であり、価値増殖、金儲け、および蓄積という産業資本の目的および推進的動機が一目瞭然に表わされている（より高く売るために買う）。第一局面がG―Wであることによって、生産資本の構成諸部分が商品市場に由来することも、また一般に資本主義的生産過程が流通によって、商業によって制約されていることも、現われてくる。貨幣資本の循環は、商品生産であるだけではない。それは、それ自身、流通によってのみ成立し、流通を前提する。このことは、すでに、流通に属する形態Gが前貸資本価値の最初のかつ純粋な形態として現われるということのうちに示されているのであり、他の二つの循環形態ではそうではない。

貨幣資本の循環は、その循環がつねに前貸価値の増殖を含んでいる限りでは、依然としてつねに産業資本の一般的な表現である。P…Pにおいては〔草稿では「Pにおいては」〕、資本の貨幣表現は、生産諸要素の価格としてのみ、したがって計算貨幣で表現された価値としてのみ現われてくるのであって、帳簿にはこの形態で書き留められる。

産業資本がある事業部門から別の事業部門に移る場合にであろうと、それが事業からしりぞく場合にであろうと、新たに登場する資本がまず貨幣として前貸しされ、同じ形態で回収される限りでは、G…G′が産業資本の循環の特殊な形態になる。この形態は、はじめて貨幣形態で前貸しされる剰余価値の資本機能を含むのであり、剰余価値が自己の生まれた事業とは別な事業で機能する場合にもっとも明確に現われてくる。G…G′は、一資本の最初の循環でありうる。それは、その最後の循環でありうる。それは、社会的総資本の形態として通用しうる。それは、新たに投下される資本――貨幣形態で新たに蓄積された資本としてであれ、一生産部門から他の生産部門に移転するために全部貨幣に転化される旧来の資本としてであれ――の形態である。

(66) つねにすべての循環に含まれる形態として、貨幣資本は、まさしく剰余価値を生む資本部分すなわち可変資本のためにこの循環〔G…G′〕を行なう。労賃の前貸しの正常な形態は、貨幣での支払いである。この過程は、比較的短い期限内に絶えず更新されなければならない。なぜなら、労働者はその日暮らしだからである。だから、労働者にたいしては、資本家は絶えず貨幣資本家として、また彼の資本は貨幣資本として、相対さなければならない。ここでは、生産諸手段の購買と生産用諸商品の販売の場合のように、直接または間接の決済（その結果、貨幣資本の大部分は実際には商品の形態でのみ現われ、貨幣は計算貨幣の形態でのみ現われ、そして最後に差額の決済のためにのみ現金が現われる）を行なうことはできない。他方では、可変資本から生じる剰余価値の一部分は資本家によって彼の私的消費のために支出されるが、この消費は小売取引に属し、どのような回り道をするにせよ、現金で、剰余価値の貨幣形態で、支出される。剰余価値のこの部分がどのくらい大きかろうと小さかろうと、事態になんの変わりもない。可変資本は絶えず新たに、労賃に投じられる貨幣資本（G—A）として現われ、gは、資本家の私的諸欲求の費用をまかなうために支出される剰余価値として現われる。したがって、前貸可変資本価値としてのGと、その増加分としてのgとは、どちらも必ず貨幣形態で保持され、貨幣形態で支出される。

G′＝G＋g という結果をともなう定式G—W…P…W′—G′は、その形態のうちに欺瞞を含み、幻惑的性格——前貸しされて増殖された価値がその等価形態すなわち貨幣で定在することから生じる幻惑的性格——を帯びている。価値の増殖にではなく、この過程の貨幣形態に、最初に流通に前貸しされたよりも多くの価値が最後に貨幣形態で流通から引き出されるということに、つまり資本家に帰属する金銀量の増加に、力点が置かれる。いわゆる重金主義*は、没概念的形態G—W—G′の表現にすぎない。すなわち、もっぱら流通のなかで行なわれ、したがって、（一）G—W、（二）W—G′という両行為を、第二行為でWがその価値よりも高く販売され、したがってその購買によって流通に投げ込まれたよりも多くの貨幣を流通から引き出す、ということによってしか説明できない一つの運動の表現にすぎない。これにたいして、唯一の形態として固定されたG—W…P…W′—G′は、より発展した重商主義の基礎に置かれているのであり、そこでは商品流通だけでなく商品生産も必要な要素として現われる。

＊〔金銀の蓄積を国富のもととする一六—一七世紀のイギリスを中心とする経済政策ないし経済思想。金銀よりも貿易黒字を重視する重商主義に取って代わられた。広義の重商主義の初期段階〕

(67)　G—W…P…W′—G′の幻惑的性格およびこの定式に照応した幻惑的解釈は、この形態が流動的な絶えず更新されるものとしてではなく一度だけのものとして固定されると、したがって、この形態が循環の諸形態の一つとしてではなくそれの唯一の形態とみなされると、現われてくる。しかし、この形態は、それ自身、他の諸形態をさし示す。

第一に、この全循環は、生産過程そのものの資本主義的性格を前提し、したがって、この生産過程を、それによって制約される独自な社会状態とともに、基盤として前提する。G—W＝G—W$<^{A}_{Pm}$であるが、G—Aは賃労働者を、それゆえ生産資本の部分としての生産諸手段を想定し、したがってすでに資本の機能として労働過程および価値増殖過程を、すなわち生産過程を想定する。

第二に、G…G′が反復されるならば、貨幣形態への復帰は、第一段階での貨幣形態と同じく、消えうせていく〔一時的な〕ものとして現われる。G—Wは消えうせて、Pに席を譲る。貨幣での絶え間ない再前貸しは、それの貨幣としての絶え間ない復帰と同じく、それ自身、循環のなかで消えうせていく諸契機にすぎないものとして現われる。

第三に

G—W…P…W′—G′・G—W…P…W′—G′・G—W…P…等々

すでに循環の二回目の反復にさいして、Gの二回目の循環が完了するまえに、P…W′—G′・G—W…Pという循環が現われ、このようにしてその後のすべての循環はP…W′—G—W…Pという形態のもとで考察されうるのであり、そのため最初の循環の第一局面としてのG—Wは、生産資本のつねに反復される循環の消えうせていく準備をなすにすぎないのであり、貨幣資本の形態ではじめて投下される産業資本の場合には、実際にそのとおりである。

他方では、Pの二回目の循環が完了するまえに、最初のW′—G′・G—W…P…W′（簡略にすればW′…W′）という循環、すなわち商品資本の循環が進行している。このように、第一の形態はすでに他の両形態を含んでおり、こうして貨幣形態は、それが単なる価値表現ではなく、等価形態すなわち貨幣での価値表現である限りで、消えうせる。

最後に——はじめてG—W…P…W′—G′という循環を進行する新たに登場する個々の一資本をとってみれば、G—Wは、この個々の資本が経過する最初の生産過程の準備局面、先駆である。だから、このG—Wという局面は、前提されているのではなく、むしろ生産過程によって措定され、または条件づけられるのである。しかしこれは、この個々の〔新登場の〕資本についてだけ言えることである。

(68)産業資本の循環の一般的形態は、資本主義的生産様式が前提されている限りでは、したがって資本主義的生産によって規定されている社会状態の内部では、貨幣資本の循環である。だから資本主義的生産過程は、一つの〝先行条件〟として前提されている。たとえ新たに投下される産業資本の最初の貨幣資本循環のなかではそうでないとしても、この最初の循環の外部ではそうである。この生産過程の絶え間のない定在は、絶えず更新されるP…Pという循環を想定する。第一段階$G—W\left\langle\begin{matrix}A\\Pm\end{matrix}\right.$の内部にすでにこの前提そのものが現われる。というのは、一方で、この段階は、賃労働者階級の定在を前提するからであり、他方で、生産諸手段の買い手にとって第一段階G—Wであるものは、その売り手にとってはW′—G′であり、したがって、W′という形で商品資本を、それゆえ資本主義的生産の結果としての商品そのものを、したがって生産資本の機能を、前提するからである。

（69）

第二章　生産資本の循環*

＊〔表題は第五草稿による〕

生産資本の循環は、Ｐ…Ｗ′―Ｇ′―Ｗ…Ｐという一般的定式をもつ。この循環の意味するところは、生産資本の機能が周期的に更新されること、すなわち再生産であり、言い換えれば価値増殖にかんする再生産過程としての生産資本の生産過程である。すなわち、単に剰余価値の生産であるだけでなく、その周期的な再生産であり、一度だけではなく、周期的に反復される機能としての、生産的形態にある産業資本の機能であり、そのため再開始は出発点そのものによって与えられている。Ｗ′の一部分は、直接に（ある種の場合には、産業資本のある種の投下諸部門では）、それが商品として出てきたその同じ労働過程にふたたび生産手段としてはいり込むことがありうる。このことによっては、ただ、その部分の価値の、現実貨幣または貨幣章標への転化が省略されるにすぎず、言い換えれば、この転化が計算貨幣としての自立的表現を受け取るだけである。この価値部分は流通にははいり込まない。このように、流通過程にはいり込まない価値が生産過程にはいり込む。同じことは、Ｗ′のうち、資本家が剰余生産物の部分として〝現物で〟消費する部分についても言える。とはいえ、このことは、資本主義的生産にとってはたいしたことではない。それはせいぜい農業で問題になるだけである。

この形態では、すぐに二とおりのことが目につく。

第一。第一の形態G…G′では、生産過程、すなわちPの機能は、貨幣資本の流通を中断して、貨幣資本の両局面G—WとW′—G′との媒介者としてのみ現われるのにたいして、ここ〔生産資本の循環〕では、産業資本の総流通過程、すなわち流通局面の内部での産業資本の全運動は、最初の極として循環を開始する生産資本と、最後の極として同一の形態——すなわち循環の再開始の形態——で循環を終結する生産資本とのあいだの中断だけを、したがってそのあいだの媒介だけをなす。本来の流通は、
(70) 周期的に更新され、かつ更新によって継続する再生産の媒介としてだけ現われる。

第二。総流通は、それが貨幣資本の循環のなかで帯びる形態とは反対の形態で表わされる。それは、貨幣資本の循環では、価値規定を度外視すれば、G—W—G（G—W・W—G）であった。それが、ここでは、これまた価値規定を度外視すれば、W—G—W（W—G・G—W）、すなわち単純な商品流通の形態である。

第一節　単純再生産*

*〔第五草稿には節の区分および表題はない。表題はエンゲルスによる〕

そこでまず、両極P…Pのあいだで流通部面において行なわれる過程W′—G′—Wを考察することにしよう。

この流通の出発点は、商品資本W′＝W＋w＝P＋w である。商品資本の機能W′—G′（商品資本W′

に含まれている資本価値＝Ｐ――いまや商品構成部分Ｗとして存在する――と、商品資本Ｗ′に含まれている剰余価値――同じ商品量の構成部分として価値ｗを持って存在する――との実現）は、第一の循環形態で考察された。しかしそこでは、この機能は、中断された流通の第二局面をなし、全循環の終結局面をなした。ここではそれは、循環の第二局面をなすが、しかし流通の第一局面をなす。第一の循環はＧ′で終わり、そしてＧ′は最初のＧと同じく新たに貨幣資本として二回目の循環を開始することができるから、Ｇ′に含まれているＧとｇ（剰余価値）とがその軌道を一緒に進み続けるか、それとも異なる軌道を描くかは、さしあたり、それ以上考察する必要はなかった。この考察は、われわれが第一の循環をその更新においてさらに追跡したとすれば、その場合にのみ必要になったであろう。*しかし、生産資本の循環では、この点が決定されなければならない。というのは、すでに生産資本の一回目の循環の規定がこの点にかかっているからであり、また、この循環ではＷ′―Ｇ′が第一の流通局面として現われ、Ｇ―Ｗによって補足されなければならないからである。定式が単純再生産を表わすか拡大された規模での再生産を表わすかは、この点の決定にかかっている。すなわち、その決定しだいで、循環の性格は変化する。

＊〔この一文はエンゲルスによる〕

それでは、まず、生産資本の単純再生産をとってみよう。ここでも、第一章でと同じく、諸事情は不変であり、商品の売買は価値どおり行なわれることを前提する。この仮定のもとでは、剰余価値全部が、資本家の個人的消費にはいり込む。商品資本Ｗ′の貨幣への転化が行なわれると、その貨幣総額

(71)のうち資本価値を表わす部分は、そのまま産業資本の循環のなかで流通を続ける。貨幣化された剰余価値である他の部分は、一般的商品流通にはいり込むのであり、〔それは〕資本家から出発する貨幣流通であるが、しかし彼の個別資本の流通の外部で行なわれる。

われわれの例では、商品資本W′は一万重量ポンドの糸で、その価値は五〇〇ポンドであった。そのうち四二二ポンドは生産資本の価値であり、八四四〇重量ポンドの糸の貨幣形態として、W′から始まった資本流通を続けるが、他方、七八ポンドの剰余価値――商品生産物の超過部分一五六〇重量ポンドの糸の貨幣形態――は、この流通から外に出て、一般的商品流通の内部で別個の軌道を描く。

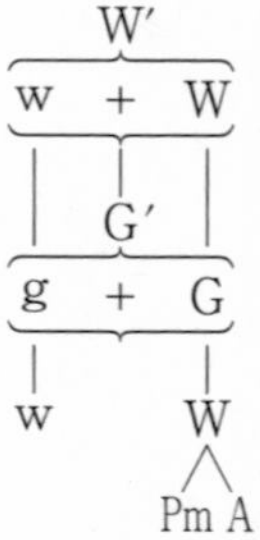

g―wは、資本家が、本来の商品にであれ、ご自身やご家族のためのサーヴィスにであれ、支出する貨幣によって媒介される一連の購買である。これらの購買はばらばらであり、異なった期日に行なわれる。したがって、貨幣は、しばらくのあいだ、日常の消費に予定された手持ち貨幣または蓄蔵貨幣の形態――というのは、流通を中断された貨幣は蓄蔵貨幣形態にあるから――で存在する。この貨幣の果たす、流通手段――蓄蔵貨幣としての一時的形態をも含む――としての機能は、貨幣形態にある資本Gの流通にははいり込まない。[*] この貨幣は、前貸しされるのではなく、支出されるのである。

＊〔草稿では、このあとに次の文章がある。「この機能は、個別資本の循環から生じるが、しかしふたたびそこにはいることはない」〕

われわれは、これまで、前貸総資本はつねに全部がその一局面から他の局面へ移行することを前提してきた。したがってここでも、Ｐの商品生産物は、生産資本Ｐの総価値＝四二二ポンド、プラス、生産過程中につくり出された剰余価値＝七八ポンド、を表わしていることを前提する。分割可能な商品生産物を取り扱っているわれわれの例では、剰余価値は一五六〇重量ポンドの糸の形態で存在する。それとまったく同じく、一重量ポンドの糸で計算すれば、剰余価値は二・四九六オンスの糸の形態で存在する。これにたいし、もし商品生産物が、たとえば同じ価値構成をもつ、五〇〇ポンドの一台の機械であるとすれば、この機械の価値の一部分＝七八ポンドは確かに剰余価値であるだろうが、この七八ポンドはこの総機械のなかにしか存在しないであろう。この機械は、機械そのものをこなごなに打ち砕いてその使用価値とともにその価値をもだめにしてしまうのでなければ、資本価値と剰余価値とに分けることはできない。すなわち、二つの価値構成部分は、観念的にのみ商品体の構成諸部分で表わされることができるのであって、一重量ポンドの糸それぞれが一万重量ポンドの糸の分割可能な自立的な商品要素として表わされることができるようには、商品Ｗ′の自立的諸要素として表わされることはできない。(72)機械の場合には、ｇがその特殊な流通にはいり込むことができるまえに、この商品総体が、商品資本である機械が、全体として販売されていなければならない。これにたいして、資本家が八四四〇重量ポンドの糸を販売すれば、残りの一五六〇重量ポンドの販売は、剰余価値の完全に分離された流通を、w（一五六〇重量ポンドの糸）—g（七八ポンド）—w＊（消費物品）という形態で表わすであろう。ただし、一万重量ポンドの糸生産物のどの個々の部分の価値諸要素も、総生産物の場合と同様に、生産物の諸部分で表わすことができる。この総生産物、一万重量ポンドの糸が、不変資本価値（c）——三七二ポンドの価値をもつ七四四〇重量ポンドの糸——と、可変資本価値（v）——五〇ポンドの価値をもつ一〇〇〇重量ポンドの糸——と、剰余価値（m）——七八ポンドの価値をもつ一五六〇重量ポンドの糸——とに分割しうるように、各一重量ポンドの糸も、八・九二八ペンスの価値をもつc＝一一・九〇四オンスの糸と、一・二〇〇ペンスの価値をもつv＝一・六〇〇オンスの糸と、一・八七二ペンスの価値をもつm＝二・四九六オンスの糸とに分割しうる。資本家は、一万重量ポンドを順次販売することで、その順次の諸部分に含まれる剰余価値要素を順次消費し、そうすることによって同じように順次に c＋v の総額を実現することもできるであろう。しかし、この操作も、やはり結局は、一万重量ポンドが全部販売されること、したがってまた八四四〇重量ポンドの販売によってcとvとの価値が補填されることを想定する（第一部、第七章、第二節〔本訳書、第一巻、三八〇ページ以下〕）。

＊〔初版、第二版では「＝」になっていた。草稿により訂正〕

しかし、それがどうであろうと、W′—G′によって、W′に含まれる資本価値も剰余価値も、分離可能な存在を、異なる貨幣額の存在を、受け取る。どちらの場合にも、GおよびgはもともとW′においてただ商品の価格として、それ自身の、観念的でしかない表現をもつ価値の、現実に転化された形態である。

w—g—wは単純な商品流通であり、その第一局面w—gは、商品資本の流通W′—G′のなかに、したがって資本の循環のなかに、含まれている。これに反して、その補足局面g—w*は、この循環から分離された一般的商品流通の経過として、この循環の外に抜け落ちる。Wとwとの流通、資本価値と剰余価値との流通は、W′のG′への転化ののちに分裂する。だから、次のようになる。

*〔初版および第二版では「w—g」となっていた。草稿により訂正〕

第一。W′—G′＝W′—（G＋g）によって商品資本が実現されることにより、W′—G′ではまだ共通の、かつ同じ商品量によって担われていた、資本価値と剰余価値との運動は、分裂可能になる。というのは、両者ともいまや貨幣額として自立的な形態をもっているからである。

第二。gが資本家の収入として支出される一方で、Gのほうは資本価値の機能的形態として、この循環によって規定された自分の軌道を進み続けるということで、この分裂が生じるとすれば、第一の
(73) 行為W′—G′は、後続行為G—Wおよびg—wとの連関では、二つの異なる流通、W—G—Wおよびw—g—wとして表わすことができる。両者とも、一般的な形態から見れば、普通の商品流通に属する系列である。

なお、分割することのできない連続的な諸商品体の場合には、実際には、価値の構成諸部分は観念的にそれぞれ切り離される。たとえば、大部分が信用で経営されるロンドンの建築業では、家屋の建築がさまざまな段階にあるのに応じて、建築業者は前貸しを受ける。これらの段階は、いずれも一軒

の家屋ではなく、できつつある将来の一家屋の現実に存在する一構成部分にすぎない。すなわち、その現実性にもかかわらず家屋全体の観念的な切れはしにすぎないが、*それでもなお、追加前貸しの担保として役立つためには十分に現実的なのである。〔これについては後出の第一二章〔「労働期間」の後半〕を見よ。〕

＊〔これ以下、段落末まではエンゲルスによる〕

第三。ＷおよびＧ*ではまだ共同的である資本価値と剰余価値との運動が、もし部分的にだけ分離する（したがって剰余価値の一部分が収入として支出されない）か、または全然分離しないならば、資本価値の循環の完了以前に、まだその循環の内部にあるうちに、資本価値そのものに一つの変化が起こる。われわれの例では、生産資本の価値は四二二ポンドに等しかった。したがって、資本が、たとえば四八〇ポンドまたは五〇〇ポンドとしてＧ―Ｗを続行するとすれば、資本は最初の価値よりも五八ポンドまたは七八ポンドだけ大きい価値として循環のそれ以後の諸段階を経過する。このことが同時に資本の価値構成の変化と結びついていることもありうる。――

＊〔初版、第二版では「ＷおよびＧ」となっているが、草稿では「Ｗ′―Ｇ′」である〕

流通の第二段階であり循環Ｉ*（Ｇ…Ｇ′）の終結段階であるＷ′―Ｇ′は、われわれの循環〔Ｐ…Ｐ〕ではそれの第二段階であり商品流通の第一の段階である。したがって流通が考察される限りでは、Ｗ′―Ｇ′は、Ｇ′―Ｗ′によって補足されなければならない。しかし、Ｗ′―Ｇ′は、価値増殖過程（ここではＰの機能である第一段階）をすでに終えているだけでなく、価値増殖過程の結果である商品生産物Ｗ′はすでに実現されている。したがって、資本の価値増殖過程も、増殖された資本価値を表わす商品生産物の実現も、W′―G′で終わっている。

＊〔マルクスは、本章および第三章の記述から明らかなように、G…G′を循環Ⅰ、P…Pを循環Ⅱ、W′…W′を循環Ⅲと名づけている〕

(74)

このようにわれわれは、単純再生産を、すなわちg―wがG―Wからまったく分離することを、前提としてきた。双方の流通、w―g―wもW―G―Wも、一般的形態から見れば商品流通に属する（したがってまた両極間の価値の差は見られない）ので、俗流経済学がそうしているように、資本主義的生産過程を、諸商品、すなわちなんらかの種類の消費に予定された諸使用価値の単なる生産であり、資本家がそれらの商品を生産するのは、俗流経済学でまちがって言われているように、それらを他の使用価値をもつ諸商品と置き換えるため、または、交換するためでしかないと解することは、安易なやり方である。

W′は最初から商品資本として登場する。そして、全過程の目的である致富（価値増殖）は、剰余価値の（したがってまた資本の）大きさにつれて資本家の消費が増大することを決して排除するものではなく、まさしくそれを包含する。

資本家の収入の流通においては、生産された商品w（または商品生産物W′のうち観念的にwに照応する一部分）は、実際には、ただ、その収入をまず貨幣に転換し、それを貨幣から私的消費に役立つ一連の他の商品に転換することに役立つだけである。しかし、この場合に小事ではあるが見落としてならないのは、wは、資本家にとって少しも費用のかからなかった商品価値であり、剰余労働の体現であり、したがってはじめから商品資本W′の構成部分として舞台に登場するということである。したがって、このwそのものは、すでにその存在の点で過程進行中の資本価値の循環に結びつけられており、もしこの循環が停滞するかまたはなんらかのやり方で撹乱されるならば、wの消費が制限されるかまたはまったく停止するだけでなく、それと同時に、wと置き換えられる商品系列の販路もそうなってしまう。W′—G′が失敗するかまたはW′の一部分しか売れない場合でも、同じことである。

すでに見たように、資本家の収入の流通としてのw—g—wは、ただwが商品資本という機能形態にある資本W′の価値部分である限りで、資本流通にはいり込むにすぎない。しかし資本家の収入の流通は、〔wが〕g—wによって自立化されると、したがってw—g—wという全体的形態では、資本家によって前貸しされた資本の運動にははいり込まない——それはこの運動から出てくるのではあるが。資本家の収入の流通が、前貸しされた資本の運動と連関するのは、資本の存在が資本家の存在を前提とし、しかも資本家の存在が資本家の剰余価値の消費によって条件づけられる限りにおいてである。

一般的流通の内部では、W′、たとえば糸は、商品としてのみ機能する。しかし、資本の流通の契機としては、W′は、商品資本として、すなわち資本価値が身につけたり脱ぎすてたりする姿態として、機能する。糸は、商人に販売されたあとは、糸を生産物とする資本の循環過程からは離れるが、それにもかかわらず、引き続き商品として一般的流通の範囲内にとどまる。同じ商品量の流通は、それが紡績業者の資本の自立的循環における契機をなさなくなっているにもかかわらず、持続する。だから、

（75）資本家によって流通に投じられた商品量の現実の最終的変態であるＷ―Ｇ、すなわち、この商品量の消費への終局的脱落は、この商品量が彼の商品資本として機能する変態からは、時間的にも空間的にもまったく分離されることがありうる。資本の流通では達成されているその同じ変態が、一般的流通の部面では、これからなお達成されるべきものであり続ける。

　糸がふたたび他の産業資本の循環にはいり込む場合にも、事態はなにも変わらない。一般的流通は、社会的資本のさまざまな自立的断片の循環のからみ合い、すなわち個別諸資本の〔循環の〕総体をも、資本として市場に投じられなかった――言い換えれば個人的消費にはいり込む*――価値の流通をも、同じように包括する。

＊〔この句は第二版で挿入された。草稿にはこの表現はない〕

　一般的流通の部分をなす限りでの資本の循環と、自立的な一循環の諸環をなす限りでの資本の循環との関係は、さらにＧ'＝Ｇ＋ｇの流通を考察すれば、明らかになる。Ｇは、貨幣資本として、資本の循環を続行する。ｇは、収入の支出（ｇ―ｗ）として、一般的流通にはいり込むが、資本の循環から外へ飛び出す。追加貨幣資本として機能する部分だけが、資本の循環にはいり込む。ｗ―ｇ―ｗでは、貨幣は鋳貨としてのみ機能する。この流通の目的は資本家の個人的消費である。俗流経済学が、資本の循環にはいり込まないこの流通――価値生産物のうち収入として消費される部分の流通――を資本の特徴的循環であると称するのは、その愚かさを特徴づけるものである。

　第二局面Ｇ―Ｗでは、資本価値Ｇ＝Ｐ（ここでは産業資本の循環を開始する生産資本の価値）が、剰余価値から解き放されて、したがって貨幣資本の循環の第一段階G―Wにおけると同じ価値の大きさで、ふたたび現存する。位置の相違にもかかわらず、商品資本がいま転化した貨幣資本の機能は、同じものである。すなわち、PmとAとへの、生産諸手段と労働力とへの、貨幣資本の転化である。

したがって資本価値は、商品資本の機能であるW′―G′では、w―gと同時にW―Gの局面をすでに経過し、いまや補足局面G―$W<\begin{smallmatrix}A\\Pm\end{smallmatrix}$にはいる。すなわち、資本価値の総流通はW―G―$W<\begin{smallmatrix}A\\Pm\end{smallmatrix}$である。

第一。貨幣資本Gは、形態Ⅰ（循環G…G′）では、資本価値が前貸しされる最初の形態として登場した。それは、ここ〔P…P〕ではじめから、商品資本が第一の流通局面W′―G′で転化した貨幣額(76)の部分として、すなわち、はじめから、商品生産物の販売によって媒介された、生産資本Pの貨幣形態への転化として、登場する。貨幣資本は、ここではじめから、資本価値の最初の形態でも終結の形態でもない形態として存在する。というのは、局面W―Gを終結させる局面G―Wは、もう一度貨幣形態を脱ぎ捨てることによってのみ達成されうるからである。だから、G―Wのうちの同時にG―Aでもある部分も、もはや労働力の購買のための単なる貨幣前貸しとしてではなく、労働力によって創造された商品価値の一部分をなす五〇ポンドの価値をもつ一〇〇〇重量ポンドの糸〔本訳書、第二巻、一〇八ページ参照〕が、貨幣形態で労働力に前貸しされる、そういう前貸しとして現われる。ここで労働者に前貸しされる貨幣は、労働者自身によって生産された商品価値の一つの価値部分が転化した等価形態にすぎない。また、それだからこそ、G―Wという行為は、それがG―Aである限りでは、決して貨幣形態にある商品を使用形態にある商品によって置き換えるだけのことではなく、一般的商品流通そのものから独立した他の諸要素を含むのである。

G′は、W′の転化形態として現われ、W′自体は、生産過程Pの過去の機能の産物である。だから、総貨幣額G′は、過去の労働の貨幣表現として現われる。われわれの例では、一万重量ポンドの糸＝五〇〇ポンドが紡績過程の産物で、そのうち、七四四〇重量ポンドの糸＝前貸不変資本c＝三七二ポンド、一〇〇〇重量ポンドの糸＝前貸可変資本v＝五〇ポンド、そして一五六〇重量ポンドの糸＝剰余価値m＝七八ポンドであった。他の事情は不変のままであるとして、G′のうち最初の資本＝四二二ポンドだけがあらためて前貸しされれば、労働者はG―Aにおいて、今週生産された一万重量ポンドの糸の一部分（一〇〇〇重量ポンドの糸の貨幣価値）だけを次週に前貸し（可変資本）として受け取る。W―Gの結果としては、貨幣はつねに過去の労働の表現である。補足行為G―Wがすぐに商品市場で行なわれ、したがって、Gが、市場にある現存の諸商品と交換される限りでは、これもまた一つの形態（貨幣）から他の形態（商品）への過去の労働の転換である。しかし、G―Wは、W―Gとは時間を異にする。例外的には、同時のこともありうる。たとえば、G―Wを行なう資本家と、この行為がその人にとってはW―Gである資本家とが、彼らの商品を同じときに互いに譲渡し、そのあとでGが差額だけを決済するという場合である。W―Gの実行とG―Wの実行とのあいだの時間差は、かなり大きいことも、かなり小さいこともありうる。W―Gという行為の結果としては、Gは過去の労働を表わすにもかかわらず、G―Wという行為にとっては、Gは、まだ全然市場にはなく将来はじめて市場に見いだされるであろう諸商品の転化形態を表わすことがありうる。というのは、Wが新たに生産さ

（77）れたのちに、はじめてG―Wが行なわれればよいからである。同様に、Gが、W――このWの貨幣表現がGであるが――と同時に生産される諸商品を表わすこともありうる。たとえば、G―Wの転換（生産諸手段の購入）では、石炭が炭坑から掘り出されるまえに購買される、ということがありうる。gが、貨幣蓄積の役割を果たし、収入として支出されない限りでは、それは次の年にはじめて生産される綿花を表わすこともできる。資本家の収入の支出であるg―wの場合も同様である。労賃A＝五〇ポンドも同様である。この貨幣は、労働者たちの過去の労働の貨幣形態であるだけでなく、同時に、いままさに実現中かまたは将来実現するはずの、現在または将来の労働にたいする指図証券でもある。労働者は、この貨幣で、次週にはじめてつくられる上着を買うかもしれない。腐らせないためには生産されたそのときにほとんどすぐ消費されなければならない非常に多くの必要生活諸手段については、ことにそう言える。このように労働者は、自分の労賃の支払いとして受け取る貨幣で、彼自身または他の労働者の将来の労働が転化した形態を受け取る。資本家は、労働者に彼の過去の労働の一部分を与えることによって、労働者に労働者自身の将来の労働にたいする指図証券を与える。まさに労働者自身の現在または将来の労働が、まだ現存しない在庫を形成するのであり、彼の過去の労働にたいする支払いがこの在庫でなされる。ここでは、在庫形成という観念はまったく消えうせる。＊

＊〔草稿では、ここに次の注意書きがある。「しかし、これはすべて第二部のあとの章にかかわることである」〕

第二。流通W―G―W$\langle^{A}_{Pm}$では、同じ貨幣が二度場所を換える。資本家はまず売り手としてそれを受け取り、買い手としてそれを手放す。商品の貨幣形態への転化は、商品を貨幣形態からふたたび商品形態に転化させるのに役立つだけである。だから、資本の貨幣形態、貨幣資本としての資本の定在は、この運動では、一時的な契機でしかない。言い換えれば、貨幣資本は、運動によどみがない限り、それが購買手段として役立つ場合には流通手段としてのみ現われる。それは、資本家たちがともに互いに購買し合い、したがって支払差額だけを決済しなくてはならない場合には、本来の支払手段として現われる。

第三。貨幣資本が単なる流通手段として役立つにせよ、支払手段として役立つにせよ、貨幣資本の機能は、WをAとPmとによって置き換えること、すなわち生産資本の結果である（収入として消費されるべき剰余価値を引き去ったあとの）商品生産物、糸を、それの生産諸要素によって置き換えること、したがって資本価値を商品としてのそれの形態からこの商品の形成諸要素に再転化することを、媒介するだけである。すなわち、結局、貨幣資本の機能は、商品資本の生産資本への再転化を媒介するだけである。

(78) 循環が正常に行なわれるためには、W′が、その価値どおりに、そしてその全部が、販売されなければならない。さらにW—G—Wは、ある商品を他の商品によって置き換えるだけでなく、同じ価値比率で置き換えることをも含んでいる。われわれは、ここでそういうことが起こるものと仮定する。しかし、実際には生産諸手段の価値は変動する。まさに資本主義的生産にとっては、資本主義的生産を特徴づける労働の生産性の不断の変動のためだけでも、価値比率の継続的な変動は固有のものである。もっとあとで[*1]論究されるべき生産諸要因のこの価値変動については、ここではただそれを指摘しておくだけにする。生産諸要素の商品生産物への転化、PからW′への転化は生産部面で行なわれ、W′からPへの再転化は流通部面で行なわれる。この再転化は単純な商品変態によって媒介されている。しかし、その内容は、全体として考察された再生産過程の一契機である。W―G―Wは、資本の流通形態としては、機能的に規定された素材変換を含んでいる。W―G―Wという転換は、さらにWが商品分量W′の生産諸要素に等しいこと、また、これらの要素が互いにその最初の価値比率を保持することを条件とする。したがって、諸商品がその価値どおりに購買される[*2]ことだけでなく、それらの商品は循環中になんらの価値変動をこうむらないことも想定されている。そうでなければ、過程は正常に進行しえない。

*1 〔本巻、第二篇、第一五章、第五節「価格変動の影響」〕
*2 〔草稿および初版では「購買および販売」となっている〕

G…G′では、Gは資本価値の最初の形態であり、この形態は、ふたたび身につけられるために、脱ぎ捨てられる。P…W′―G′―W…Pでは、Gは過程のなかで身につけられる形態にすぎず、この形態はすでに過程の内部でふたたび脱ぎ捨てられる。貨幣形態はここでは、資本の、一時的な自立的な価値形態としてだけ現われる。資本は、W′としては貨幣形態をとりたがり、また貨幣形態に蛹化《ようか》されるやいなや、G′としては、貨幣形態を脱ぎ捨ててふたたび生産資本の形態に転換されたがる。資本は、貨幣姿態にとどまっているあいだは、資本として機能せず、したがって価値増殖されない。資本は遊休する。Gは、ここでは流通手段として働く――ただし資本の流通手段として。[*] 資本価値の貨幣形態がその循環の第一形態（貨幣資本の循環）でもつ自立性の外観は、この第二形態〔P…P〕では消えうせ、したがって第二形態は形態Ⅰの批判をなすのであり、形態Ⅰを一つの単に特殊な形態に帰着させる。第二の変態G―Wが障害にぶつかれば（たとえば生産諸手段が市場になければ）、循環、すなわち再生産過程の流れは、中断されたままである――ちょうど、資本が商品資本の形態で動けないでいるのと同じように。しかし、次の点で区別される――すなわち、資本は、朽ちやすい商品形態にあるよりも貨幣形態にあるほうが長持ちしうる。資本は、貨幣資本として機能しなくても、貨幣であることをやめはしない。しかし資本は、商品資本としてのその機能にあまりに長く止めおかれるならば、商品であることを、また、およそ使用価値であることを、やめる。第二に、資本は、貨幣形態にあれば、その最初の生産資本形態の代わりに、他の生産資本形態をとることもできるが、W′としてはまったく身動きできない。（79）

＊〔草稿ではこのあとに「トゥックと反対に」という注意書きがある。本書、第三部、第五篇、第二三章「利子と企業者利得」のはじめの部分で、流通手段としての貨幣と資本としての貨幣を区別できないトゥックを批判している〕

W′―G′―Wは、その形態から見れば、W′にとってのみ、その再生産の契機である流通行為を含む。しかし、W′―G′―Wが行なわれるためには、W′が転換されるWの現実の再生産が必要である。しかしこの再生産は、W′に表わされる個別資本の再生産過程の外部にある多くの再生産過程によって制約されている。――

形態Ⅰでは、$G-W<^{A}_{Pm}$は、貨幣資本から生産資本への第一の転化を準備するだけであるが、形態Ⅱでは商品資本から生産資本への再転化を、すなわち、産業資本の投下が同じままである限り、その商品資本を生み出した同じ生産諸要素への商品資本の再転化を、準備する。だから$G-W<^{A}_{Pm}$は、形態Ⅱでも、形態Ⅰでと同様に、生産過程の準備局面として現われるが、しかしⅡでは、生産過程への復帰、生産過程の更新として、したがって再生産過程の先駆として、したがってまた価値増殖過程の反復の先駆として、現われる。

ここでもう一度言っておかなければならないが、G—Aは単純な商品交換ではなく、剰余価値の生産に役立つべき一商品Aの購買であり、G—Pmは、この目的を遂行するために素材的に不可欠な手続きでしかない。

$G-W<^{A}_{Pm}$の達成と同時に、Gは生産資本に、Pに、再転化されており、また新たに循環が開始される。

したがって、P…W′—G′—W…Pの明細な形態は次のようになる——

$$P\ldots W'\left\{\begin{array}{l} W - \left\{\begin{array}{l} G - W<^{A}_{Pm}\ldots P \\ + \\ g - w \end{array}\right. \\ + \\ w - \end{array}\right.$$

貨幣資本の生産資本への転化は、商品生産のための商品購買である。消費は、それがこの生産的消

（80）

費である限りでのみ、資本そのものの循環にはいる。生産的消費の条件は、こうして消費される諸商品を媒介として剰余価値がつくられるということである。そしてこれは、生産者の生存を目的とする生産とは、またそうした目的をもつ商品生産とさえも、非常に異なるものである。このように剰余価値生産によって条件づけられた、商品による商品の置き換えは、生産物交換――貨幣によって媒介されるだけの――それ自体とはまったく別ものである。それなのに、この事態は経済学者たちにより、〔両者を同一視することによって〕過剰生産というものがありえないということの証拠にされている。

ＡおよびPmに転化されるＧの生産的消費のほかに、この〔資本〕循環は、Ｇ―Ａという第一の環を内含しており、この環は労働者にとってはＡ―Ｇ＝Ｗ―Ｇである。労働者の消費を含む労働者の流通Ａ―Ｇ―Ｗのうちでは、第一の環だけがＧ―Ａの結果として資本の循環にはいる。第二の行為すなわちＧ―Ｗは、個別資本の流通から生じてくるが、個別資本の流通にははいらない。しかし、労働者階級の持続的な定在は資本家階級にとって必要であり、したがってまたＧ―Ｗに媒介される労働者の消費も必要である。

Ｗ′―Ｇ′という行為は、資本価値の循環の継続のために、また資本家による剰余価値の消費のために、Ｗ′が貨幣に転化され、販売された、ということだけを想定する。Ｗ′が購買されるのは、もちろん、その物品がある使用価値であり、したがって生産的または個人的ななんらかの種類の消費に役立つからにほかならない。しかし、Ｗ′が、たとえば糸を買った商人の手中にあってさらに流通するとしても、そのことはさしあたり、この糸を生産して商人に売った個別資本の循環の継続には、少しも関係しない。全過程はその進行を続け、またそれとともに、その進行によって条件づけられる資本家および労働者の個人的消費も進行を続ける。〔これは〕恐慌の考察にさいして重要な一点。

すなわち[*1]、W′は、販売され、貨幣に転化されしだい、労働過程の、したがってまた再生産過程の、現実の諸要因に再転化されうる。だから、W′が最終消費者によって購買されているか、それともふたたびそれを売るつもりの商人によって購買されているかは、直接には事態をなんら変えるものではない。資本主義的生産によってつくり出される商品総量の広がりは、この生産の規模とこの規模の不断の拡大への欲求とによって規定されるのであり、需要と供給との、充足されるべき諸欲求の、ある予定された範囲によって規定されるのではない。大量生産は、その直接の買い手としては、他の産業資本家たちのほかには、卸売商人しかもちえない[*2]。再生産過程は、そこで産出された商品が現実に個人的または生産的消費にはいり込んでいなくても、ある限界内では同じ規模または拡大された規模で進行しうる。商品の消費は、その商品を生み出した資本の循環には含まれていない。たとえば糸が販売されてしまえばすぐに、販売されたその糸がさしあたりどうなろうとも、糸で表わされた資本価値の(81)循環は新たに始まりうる。生産物が販売される限り、資本主義的生産者の立場から見れば万事は規則正しく進行する。彼によって代表される資本価値のその循環は中断されない[*3]。そして、もしこの過程が拡大されている――それは生産諸手段の生産的消費の拡大を含む――ならば、資本のこの再生産は、労働者の個人的消費（したがって需要）の拡大をともなうことがありうる。というのは、この過程は生産的消費によって準備され媒介されているからである。このように、剰余価値の生産が、それともにまた資本家の個人的消費が増大し、再生産過程全体は繁栄をきわめた状態にあるが、それにもかかわらず、諸商品の一大部分は外観上消費にはいっているにすぎず、現実には売れずに転売人たちの手中に滞積し、したがって実際にまだ市場にある、ということがありうる。そこで、商品の流れが商品の流れに続き、ついには前の流れは外観上消費によってのみ込まれているにすぎないということが明らかになる。諸商品資本は市場で互いに席を争奪し合う。あとから来た者は、売るために価格を下げて売る。以前の流れがまだ現金化されていないのに、それらの支払期限が到来する。それらの持ち主たちは、支払不能を宣言せざるをえないか、または支払いをするためにどんな価格ででも売らざるをえない。このような販売は、需要の現実の状態とはまったくなんのかかわりもない。それは、ただ、支払いを求める需要、商品を貨幣に転化する絶対的必要とかかわりがあるだけである。そのときに、恐慌が勃発する。それは、消費的需要の、つまり個人的消費のための需要の直接の減少においてではなく、資本と資本との交換の、資本の再生産過程の減退において、目に見えるようになる。

＊1〔このパラグラフは、第五草稿では、前のパラグラフの末尾「恐慌の考察にさいして重要な一点」に付された脚注1であり、そこにマルクスは、第一草稿で発見した新しい恐慌論の核心部分を書き写していた。草稿では、続いて、第二草稿からの一文が脚注2として書き写されている。これらは、ここで恐慌論を展開する意図ではなく、のちに、恐慌の本格的な考察を行なうときのための覚え書きであったと推測される。エンゲルスは、編集のさいに、脚注1の文章に脚注2の文章をつけ加え、これを本文に組み入れた（次の訳注＊

2、＊3参照)。そのために、ここでは第一草稿で発見された新しい恐慌論の内容が読み取りにくくなっている。なお、現行の『資本論』で、マルクスの新しい恐慌論がもっともまとまった形で説明されているのは、第三部第四篇「第一八章　商人資本の回転。価格」の章である。この章は、新しい恐慌論を発見してすぐ後(一八六五年後半)に執筆された部分で、商人資本の運動に角度をしぼってはいるが、新しい恐慌論の骨格が説明されている。第一草稿での恐慌論の新しい解明については、本訳書、第七分冊末尾の訳注を参照〕

＊2〔「資本主義的生産によって……卸売商人しかもちえない」は、脚注1の文章の続きに書き写されていた第一草稿の一文で、エンゲルスがここに挿入した〕

＊3〔「商品の消費は……中断されない」はエンゲルスが脚注2の文章を直して、ここに挿入したもの〕

貨幣資本として、生産資本への再転化を予定された資本価値として、Gは、その機能を果たすために商品PmおよびAに転換されるが、――もしこれらの商品が異なる期日に購買または支払いされなければならないとすれば、したがってG―Wがつぎつぎに行なわれる一連の購買または支払いを表わすとすれば、その場合、Gの一部分はG―Wという行為を達成するが、他の一部分は貨幣状態にとどまっており、過程そのものの諸条件によって規定されたある時期になってはじめて、同時または順次のG―Wという行為に用いられる。この部分は、一定の時点に活動を開始してその機能を果たすために、しばらくのあいだ流通から引きあげられているだけである。その場合には、この部分のこの貯蔵は、それ自体、この部分の流通によって規定され、流通に予定された一機能である。その場合には、購買元本および支払元本としてのこの部分の定在、この部分の運動の一時停止、この部分の流通中断の状
(82) 態は、貨幣が貨幣資本としての貨幣の諸機能の一つを果たしている状態である。貨幣資本として、と

いうのは、この場合にはしばらくのあいだ休止している貨幣そのものは、貨幣資本Ｇ（Ｇ′－ｇ＝Ｇ）――商品資本の価値のうち循環の出発点である生産資本の価値Ｐに等しい部分――の一部分だからである。他方、流通から引きあげられた貨幣はすべて蓄蔵貨幣形態にある。したがって、ここでは、貨幣の蓄蔵形態が貨幣資本の機能になる――Ｇ―Ｗで購買手段または支払手段としての貨幣の機能が貨幣資本の機能になるのとまったく同様に――のであり、しかも、そうなるのは、資本価値がここでは貨幣形態で存在するからであり、ここでは貨幣状態は、産業資本が、その諸段階の一つにおいて循環の連関によって規定された状態だからである。しかし、同時にここではふたたび、貨幣資本は産業資本の循環の内部では貨幣機能以外の機能を果たすものではなく、そして、この貨幣機能は、この循環の他の諸段階とのその連関によってのみ、同時に資本機能の意義をもつ、ということが実証される。Ｇ′を、Ｇにたいするｇの関係として、資本関係として、表わすことは、直接には貨幣資本の機能ではなく、商品資本Ｗ′の機能なのであって、このＷ′そのものはふたたび、ｗとＷとの関係としてはただ生産過程の結果を、すなわちこの過程で行なわれた資本価値の自己増殖の結果を、表現するだけである。

流通過程の進行が障害にぶつかり、その結果Ｇが市場の状況などの外部の事情によってその機能Ｇ―Ｗを一時停止せざるをえなくなり、そのために長短はあれその貨幣状態にとどまるとすれば、これもまた貨幣の蓄蔵状態であり、この状態は単純な商品流通においても、Ｗ―ＧのＧ―Ｗへの移行が外部の事情によって中断されるとすぐに現われる。それは、非自発的な蓄蔵貨幣形成である。われわれの場合には、貨幣はこのようにして遊休的潜在的な*貨幣資本の形態をとる。しかし、われわれは、さしあたりこの点にはこれ以上立ち入らない。

＊〔「潜在的」については次節のエンゲルスの注六a参照〕

しかし、この双方の場合とも、貨幣状態での貨幣資本の停滞は、運動の中断――それが合目的なものであろうと反目的的なものであろうと、自発的なものであろうと非自発的なものであろうと、機能的なものであろうと反機能的なものであろうと――の結果として現われる。

第二節　蓄積、および拡大された規模での再生産*

＊〔第五章稿では「蓄積（拡大された規模での再生産）」となっている〕

生産過程が拡大可能である諸比率は、恣意的なものではなく、技術的に規定されているのであるか
(83) ら、実現された剰余価値は、たとえ資本化するように予定されていても、しばしばいくつもの循環の反復によってはじめて、現実に追加資本として機能しうる大きさ、すなわち過程進行中の資本価値の循環にはいり込みうる大きさに成長することができる（したがってその大きさになるまで積み立てられなければならない）。したがって、剰余価値は凝結して蓄蔵貨幣となり、この形態で潜在的貨幣資本を形成する。潜在的というのは、この資本が貨幣状態にとどまっているあいだは資本として働くことができないからである。[六(a)][*1] このようにここでは蓄蔵貨幣形成は、資本主義的蓄積過程の内部に含まれ、

この過程に随伴してはいるが、同時にこの過程とは本質的に区別される一契機として現われる。というのは、潜在的貨幣資本の形成によっては、再生産過程そのものは拡大されないからである。その逆である。潜在的貨幣資本がここで形成されるのは、資本主義的生産者は自己の生産の規模をすぐには拡大しえないからである。もし彼が自己の剰余生産物を、新たな金もしくは銀を流通に投げ入れる金生産者もしくは銀生産者に販売するならば、または――結局同じことになるが――国内の剰余生産物の一部分と交換に追加の金もしくは銀を外国から輸入する商人に販売するならば、彼の潜在的貨幣資本は、国内の金蓄蔵または銀蓄蔵の増分を形成する。そのほかのすべての場合には、たとえば買い手の手中で流通手段であった七八ポンドが資本家の手中で蓄蔵貨幣形態をとっただけである。すなわち、国内の金蓄蔵または銀蓄蔵の配分が変わっただけである。

（六〔a〕）「潜在的」〔latent〕という表現は、潜熱〔latente Wärme〕という物理学上の観念から借りてきたものであるが、この観念はいまではエネルギー転化の理論によってほとんど排除されている。だから、マルクスは第三篇《アプシュニット》（もっとあとの草稿）では、それの代わりに潜勢的エネルギー〔potentielle Energie〕という観念から借りてきた「潜勢的資本」〔potentielles Kapital〕、または、ダランベールの仮想速度[*2]にならって「仮想的資本」〔virtuelles Kapital〕という表現を用いている。――F・エンゲルス。

＊1〔この一文はエンゲルスによる〕

＊2〔つり合いの状態にある物体が、そのつり合いが破られる場合に、その最初の瞬間にもつであろう速度、すなわち平衡条件が破れたときに可能性としてもつ潜在的速度のこと。ダランベールは『動力学論』をはじめ、『百科全書』の諸項目でこの観念を使用した。「潜勢的資本」「仮想的資本」は、とくに第二部、第三篇、

第二一章、第一節1「蓄蔵貨幣の形成」などで頻出する〕

わが資本家の取り引きで貨幣が支払手段として（長い短いの違いはあってても期限がきてはじめて買い手によって商品が支払われるというやり方で）機能するとすれば、資本化するように予定されている剰余生産物は、貨幣には転化されず、債権に、買い手があるいはすでに所有しているかまたはこれから所有する見込みである等価物にたいする所有権原に、転化される。それは、利子生み証券などに投下された貨幣と同様に、循環の再生産過程にははいり込まない――他の個別産業資本の循環にははいり込むことはできるのであるが。

資本主義的生産の全性格は、前貸資本価値の価値増殖によって、すなわちまず第一にできるだけ多くの剰余価値の生産によって、規定されている。しかし第二には（第一部、第二二章〔「剰余価値の資本への転化」。本訳書、第一巻、一〇〇七ページ以下〕を見よ）資本の生産によって、すなわち剰余価値の資本への転化によって、規定されている。蓄積、または拡大された規模での生産は、不断に拡張される剰余価値の生産のための、したがって資本家の致富のための手段として、資本家の個人的目的として現われ、資本主義的生産の一般的傾向のうちに含まれているのであるが、それはさらに、第一部で明らかにされたように、資本主義的生産の発展を通じて個々の各資本家にとっての必然事になる。彼の資本の不断の増大が、彼の資本の維持の条件となる。しかし、われわれは前に展開されたことにこれ以上立ちもどる必要はない。

(84)

われわれはまず単純再生産を考察したが、そこでは、剰余価値の全部が収入として支出されるものと想定された。現実には、正常な事情のもとではつねに剰余価値の一部分は収入として支出され、他の部分は資本化されなければならない――その場合、一定の期間内では、生産された剰余価値が、全部消費されることもあれば全部資本化されることもあるというのは、まったくどうでもよいことである。運動の平均では――そして一般的定式はこの平均を表わしうるだけである――両方のことが起こる。けれども定式を複雑にしないためには、剰余価値が全部蓄積されると仮定するほうがよい。P…W′—G′—W′$<\begin{matrix}A\\Pm\end{matrix}$…P′という定式は、生産資本がより大きい規模でより大きい価値をもって再生産され、増大した生産資本としてその二回目の循環を開始する、または同じことであるが、その一回目の循環を更新するということを表現する。この二回目の循環が始まるやいなや、われわれは出発点としてふたたびPをもつ。ただ、このPは一回目のPよりも大きい生産資本である。それと同様に、定式G…G′において二回目の循環がG′で始まる場合、G′はGとして、一定の大きさの前貸貨幣資本として機能する。G′は、一回目の循環が開始されたときの貨幣資本よりも大きい貨幣資本ではあるが、それが前貸貨幣資本の機能において登場するやいなや、それが剰余価値の資本化によって増大していることとの関連はすべて消えうせている。この起源は、その循環を開始する貨幣資本としてのG′の形態では、すっかり消滅している。P′の場合も、それが新たな循環の出発点として機能するやいなや、同じくそうである。

　P…P′を、G…G′、すなわち第一の循環と比較するならば、この二つは決して同じ意義をもってはいない。G…G′は、単独な循環としてそれだけを取り上げてみれば、貨幣資本（または貨幣資本として自己の循環をしている産業資本）Ｇは、貨幣を生む貨幣、価値を生む価値であり、剰余価値を措定する、ということを表現するだけである。これにたいして、Ｐの循環では、価値増殖過程そのものは、(85)第一段階の終了、生産過程の終了とともにすでに達成されており、第二段階（第一の流通段階）Ｗ′—Ｇ′の経過後には、資本価値プラス剰余価値は、実現された貨幣資本として、第一の循環では最後の極として現われたＧ′として、すでに存在する。剰余価値が生産されたことは、はじめに考察されたＰ…Ｐの形態では（四七ページ〔本訳書、第二巻、一二二ページ〕の明細な定式を見よ）、その第二段階で資本流通の外に抜け落ち、収入としての剰余価値の流通を表わすｗ—ｇ—ｗによって示されている。このように、全運動がＰ…Ｐで表わされ、したがって両極点のあいだに価値差が生じないこの形態においても、前貸価値の増殖、剰余価値の産出は、Ｇ…Ｇ′においてと同様に表わされている。ただ、Ｗ′—Ｇ′という行為が、Ｇ…Ｇ′においては最後の段階として現われ、Ｐ…Ｐにおいては循環の第二段階、流通の第一段階として現われるだけである。

Ｐ…Ｐ′においては、Ｐ′は、剰余価値が生産されたということではなく、生産された剰余価値が資本化され、したがって資本が蓄積されたということであり、したがってＰ′は、Ｐと比べると、最初の資本価値、プラス、それの運動によって蓄積された資本の価値、からなる、ということを表現する。Ｇ…Ｇ′の単なる終点としてのＧ′も、これらすべての循環の内部で現われるＷ′も、それだけを取り上げてみれば、運動を表現するのではなく、運動の結果を表現する。——すなわち、商品形態または貨幣形態で実現された資本価値の増殖を表現し、したがって　Ｇ＋ｇ　または　Ｗ＋ｗ　としての、自己の生みの子である剰余価値にたいする資本価値の関係としての資本価値を、表現する。G′およびW′は、この結果を、増殖された資本価値の異なる流通形態として表現する。しかし、W′の形態においても、G′の形態においても、行なわれた価値増殖そのものは、貨幣資本の機能でもなければ商品資本の機能でもない。産業資本の特殊な諸機能に対応する、特殊な、それぞれ異なる諸形態、定在諸様式として、貨幣資本は貨幣諸機能だけを、商品資本は商品諸機能だけを果たすことができるのであり、それら相互の区別はただ貨幣と商品との区別でしかない。同様に、産業資本は、生産資本としてのその形態においては、生産物を形成する他のどの労働過程とも同じ諸要素——すなわち、一方では対象的労働諸条件（生産諸手段）、他方では生産的に（合目的的に）作用する労働力——からだけ成り立ちうる。産業資本が、生産部面の内部では、生産過程一般に適合し、したがってまた非資本主義的な生産過程にも適合する構成*においてのみ存在しうるのと同様に、それは、流通部面では、商品と貨幣というこの部面に適合する両形態でのみ存在しうる。しかし、生産諸要素の総計が最初から自己を生産資本で(86)あると告示する——それは労働力は他人の労働力であって、資本家は自己の生産諸手段を他の商品保有者から購買したのとまったく同じように、この労働力を労働力そのものの保有者から購買したからであるが——のと同様に、したがってまた生産過程そのものも産業資本の生産的機能として現われるのと同様に、貨幣と商品は、同じ産業資本の流通諸形態として現われ、したがってまた両者の機能も、生産資本の機能をもたらすかまたは生産資本の機能から生じる産業資本の流通機能として現われる。ここで貨幣機能と商品機能とが同時に貨幣資本の機能であり、また商品資本の機能であるのは、産業資本がその循環過程の異なる諸段階で果たさなければならない機能形態としての両機能のもつ連関によるだけである。したがって、貨幣を貨幣として特徴づけ商品を商品として特徴づける独自な諸属性および諸機能を、貨幣と商品との資本性格から導き出そうとするのはまちがいであり、逆に、生産資本の諸属性を生産諸手段としてのそれの存在様式から引き出すのもやはりまちがいである。

＊〔草稿では「構成」は「状態（形態）」となっている〕

G′またはW′が、G＋g または W＋w として、すなわち資本価値の、その新芽としての剰余価値にたいする関係として固定されると、この関係は両方の形態で、すなわちあるときは貨幣形態で、他のときは商品形態で表現されているが、このことは、事態そのものをなにも変えない。だからこの関係は、貨幣そのものに属する諸属性と諸機能からも、商品そのものに属する諸属性と諸機能からも生じない。どちらの場合にも、価値を生む価値であるという資本を特徴づける属性は、結果として表現されるだけである。W′はつねにPの機能の産物であり、また、G′はつねに産業資本の循環中にW′が転化された形態でしかない。だから、実現された貨幣資本は、それがふたたび貨幣資本としてのその特殊な機能を開始すると、G′＝G＋g に含まれる資本関係を表現することをやめる。G…G′を経過してG′がまた新たに循環を開始するときには、それはG′の役を演じるのではなくGの役を演じるのであり、G′に内含されている剰余価値が全部資本化される場合でさえもそうである。われわれの例では、二回目の循環は、一回目の循環のように四二二ポンドでではなく、五〇〇ポンドの貨幣資本で始まる。循環を開始する貨幣資本は、前回よりも七八ポンドだけ大きい。この区別は、一方の循環と他方の循環とを比較するときに存在する。しかし、この比較は、個々の各循環の内部には存在しない。貨幣資本として前貸しされる五〇〇ポンド——そのうち七八ポンドは、以前は剰余価値として存在した——(87)は、他の資本家がその一回目の循環を開始するのに用いる五〇〇ポンドと少しも違った役割を演じない。生産資本の循環においても同様である。大きさを増したP′は、再開始にさいしてはPとして登場するのであり、単純再生産P…PでのP同然である。

$G'—W'\left\langle\begin{matrix}A\\Pm\end{matrix}\right.$ の段階では、増大した大きさはW′によってのみ示され、A′とPm′によっては示されていない。WはAとPmとの合計なのだから、W′に内含されているAとPmとの合計が最初のPよりも大きいことは、すでにW′によって示されている。しかし、第二に、A′とPm′という記号は誤りであろう。なぜなら、われわれが知っているように、資本の増大には資本の価値構成の変化が結びついており、この変化の進行につれてPmの価値は増大し、Aの価値はつねに相対的に減少し、しばしば絶対的にも減少するからである。

第三節　貨幣蓄積*

*〔第五草稿による〕

貨幣化された剰余価値gが、すぐまた過程進行中の資本価値につけ加えられ、そのようにして資本Gと一緒に、G′という大きさで循環過程にはいり込むことができるかどうかは、gの単なる現存とは無関係な諸事情にかかっている。gが、最初の事業とは別に設立される第二の独立の事業で貨幣資本として用いられるはずのものであるなら、gは、それがそのような事業に必要とされる最小限の大きさをもっている場合にのみ、これに使用可能である、ということは明らかである。gがもとの事業の拡張に用いられるものとしても、Pの素材的諸要因のあいだの諸関係とそれらの価値諸関係とが、やはり、gに一定の最小限の大きさを要求する。この事業で作動するすべての生産諸手段は、互いに質的な関係をもつだけでなく、互いに一定の量的な関係、比率的な大きさをも持つ。生産資本にはいり込む諸要因のこの素材的諸関係と、それらによって担われる価値諸関係とは、gが生産資本の増加分として、追加生産諸手段と追加労働力とに、または追加生産諸手段だけに、転換可能になるために持たなければならない最小限の大きさを規定する。たとえば、紡績業者が自己の紡錘の数を増やすことは、そのような事業拡張が必要とする綿花と労賃とのための支出の増加は別としても、同時にそれに照応する梳綿《そめん》機と粗紡機を調達することなくしては、不可能である。したがって、この事業拡張を遂行するためには、剰余価値がすでにかなりの額に達していなければならない（通例は紡錘の新規購入一錘につき一ポンドと見積もられる）*。gがこの最小限の大きさをもたないあいだは、資本の循環によって順次生み出されるgの総額が、Gと一緒に——したがって$G-W'\left\langle\begin{matrix}A\\Pm\end{matrix}\right.$において——機能できるようになるまで、資本の循環は何度か反復されなければならない。たとえば、精紡機における細部の(88)諸変更だけでもすでに、それらが精紡機をいっそう生産的にする限り、紡績材料や粗紡機の拡張などへの支出の増加を必要とする。したがって、その間の時期にはgが積み立てられるが、その積み立ては、ｇ自身の機能ではなく、反復されるＰ…Ｐの結果である。ｇ自身の機能は、ｇが、価値増殖循環の反復から、すなわち外部から、自己の能動的機能に必要な最小限の大きさに達するほどの、十分な追加を受け取るまでは、貨幣状態にとどまり続けることであり、ｇはそのような大きさになってはじめて現実に、貨幣資本として、この場合では機能中の貨幣資本Ｇの蓄積部分として、貨幣資本Ｇの機能に一緒にはいり込むことができるのである。その間の時期には、ｇは積み立てられて、形成過程にある増大中の蓄蔵貨幣の形態で存在するだけである。すなわち、ここでは貨幣蓄積、蓄蔵貨幣形成は、現実の蓄積に、産業資本が作用する規模の拡張に、一時的にともなう過程として現われる。一時的というのは、蓄蔵貨幣がその蓄蔵貨幣状態にとどまっているあいだは、それは、資本として機能せず、価値増殖過程に参加せず、ある貨幣額にとどまるからである――この貨幣額が増大するのは、この貨幣額とは無関係に現存する貨幣が同じ金庫に投げ入れられるからにすぎない。

＊〔「たとえば、紡績業者が」以下、ここまではエンゲルスによる〕

蓄蔵貨幣の形態は、流通のなかにない貨幣の形態、流通を中断されておりしたがって貨幣形態で保存される貨幣の形態でしかない。蓄蔵貨幣を形成する過程そのものについて言えば、それはすべての商品生産に共通であり、商品生産の未発展で前資本主義的な諸形態においてだけそれは自己目的として一つの役割を演じる。しかし、ここでは蓄蔵貨幣が貨幣資本の形態として現われ、また蓄蔵貨幣の形成が資本の蓄積に一時的にともなう過程として現われる。それは、貨幣がここでは潜在的貨幣資本として現われるからであり、またその限りでのことであり、蓄蔵貨幣形成、貨幣形態で現存する剰余価値の蓄蔵貨幣状態が、現実に機能する資本に剰余価値が転化するための、資本の循環の外部で行なわれる機能的に規定された準備段階だからである。すなわち、貨幣はこのような自己の規定によって潜在的貨幣資本なのであり、したがってまた、それが過程にはいるために到達していなければならない大きさも、生産資本のそのときどきの価値構成によって規定されている。しかし、貨幣が蓄蔵貨幣状態にとどまり続けるあいだは、それはまだ貨幣資本として機能せず、まだ遊休している貨幣資本であるが、以前のようにその機能を中断されている貨幣資本ではなく、まだその機能を果たす能力のない貨幣資本である。

(89)われわれがここで取り上げているのは、現実の貨幣蓄蔵としての、その本来の実在的形態にある貨幣積み立てである。貨幣積み立ては、W′を販売した資本家の単なる貸越金、債権の形態でも存在しうる。この潜在的貨幣資本が、〔貨幣資本に転化するまでの〕その間の時期に、貨幣を生む貨幣という姿態をとってでも——たとえば、銀行にある利子つき預金として、手形またはなんらかの種類の有価証券で——存在する他の諸形態にかんしては、ここで論究すべきことではない。この場合には、貨幣に実現された剰余価値は、それを生じさせた産業資本の循環の外部で特殊な資本諸機能を果たす。これらの機能は、第一に、あの循環そのものとはなんの関係もないのであり、また第二に、産業資本の諸機能とは異なる資本諸機能を想定しているのであって、その資本諸機能はここではまだ展開されていない。

第四節　準備金*

＊〔第五草稿による〕

いま考察した形態では、蓄蔵貨幣――剰余価値がそういうものとして存在するところの――は、貨幣蓄積元本であり、資本蓄積が一時的にとる貨幣形態であって、その限りでは、それ自体、資本蓄積の条件である。しかし、この蓄積元本は、特殊な副次的役立ちを行なうこともありうる。すなわち、資本の循環過程がP…P′という形態をとらなくても、したがって、資本主義的再生産が拡大されなくても、資本の循環過程にはいり込むことがありうる。

もし過程W′―G′がその正常な限度を超えて延長されるならば、すなわち商品資本がその貨幣形態への転化を異常にはばまれるならば、または、たとえこの転化が遂行されても、たとえば貨幣資本が転換されるべき生産諸手段の価格が循環の開始時の水準よりも騰貴しているならば、蓄積元本として機能している蓄蔵貨幣が、貨幣資本の――またはその一部分の――代わりをするために使用されうる。このようにして、貨幣蓄積元本は、循環の撹乱をのぞくための準備金として役立つ。

貨幣蓄積元本は、このような準備金としては、循環P…Pで考察された購買手段または支払手段の元本〔本訳書、第二巻、一二六ページ〕とは異なる。購買手段または支払手段は、機能している貨幣資本の一部分（したがって過程中にある資本価値一般の一部分の定在形態）であり、機能しているこの貨幣資本の諸部分がそれぞれ異なる時期につぎつぎに機能しだすだけである。生産過程の継続中に絶えず準備貨幣資本が形成される。というのは、きょう支払いを受け取ったのに、支払いをしなくてはならないのは後日の期限日になってからのことであったり、きょう大量の商品を売ったのに、大量の商品を買わなくてはならないのは後日になってのことであったりするからである。したがって、その中間期間には、流通しつつある資本*の一部分が絶えず貨幣形態で存在する。これにたいして、準備金は、(90)機能している資本の――詳しく言えば機能している貨幣資本の――一構成部分ではなく、蓄積の前段階にある資本の、まだ能動的資本に転化されていない剰余価値の一構成部分である。それはそうと、資本家は、苦境におちいれば、自分の手中にある貨幣の特定の諸機能はまったく問題にせずに、自己の資本の循環過程を進行させるために、自分の持っているものを使用する、というのはまったく自明なことである。たとえば、われわれの例ではGは四二二ポンド、G′は五〇〇ポンドである。四二二ポンドの資本の一部分が、支払手段または購買手段の元本として、手持ち貨幣として、存在するとしても、この部分は、事情が不変ならば全部循環にはいり込むもの、しかも循環にとって十分なものと、見積もられている。しかし、準備金は剰余価値七八ポンドの一部分である。準備金が四二二ポンドという価値の資本の循環過程にはいり込むことがありうるのは、この循環がいつもとは同じでない事情のもとで行なわれる場合だけである。というのは、準備金は、蓄積元本の一部分であるのに、この場合には再生産の規模を拡大せずに現われるからである。

＊〔「流通しつつある資本」(das zirkulierende Kapital) は、ここでは「流通にある資本」と同義で使われているが、のちには（とくに本巻第八章では）同じ言葉が、固定資本にたいする「流動資本」の意味に使われ

る〕

貨幣蓄積元本は、すでに潜在的貨幣資本の定在であり、したがって、貨幣の貨幣資本への転化である。

単純再生産と拡大された規模での再生産とを包括する生産資本の循環の一般的定式は、次のとおりである――

$$\overbrace{P \cdots W' - G'}^{1} \cdot \overbrace{G - W \begin{cases} Pm \\ A \end{cases}}^{2} \cdots P \; (P')$$

P＝Pならば、２におけるGはG′マイナスgに等しい。P＝P′ならば、２におけるGはG′マイナスgよりも大きい。すなわち、gの全部または一部が貨幣資本に転化されている。

生産資本の循環は、古典派経済学が産業資本の循環過程を考察する場合の形態である。

（91）

第三章　商品資本の循環*

＊〔表題は第五草稿による〕

商品資本の循環を表わす一般的定式は、次のとおりである――

W′―G′―W…P…W′

W′は、前述の両循環〔貨幣資本および生産資本の循環〕の産物としてばかりでなく、それらの前提としても現われる。というのは、少なくとも生産諸手段そのものの一部分が、循環している他の個別諸資本の商品生産物である限り、一資本にとってG―Wであるものは、すでに他の資本にとってのW′―G′を含むからである。たとえばわれわれの場合には、石炭や機械などは、採炭業者や資本主義的機械製造業者などの商品資本である。さらに、すでに〔第二部〕第一章、第四節〔とくに、本訳書、第二巻、一〇三ページ〕で示されたように、すでにG…G′の最初の反復のさいに、すでに貨幣資本のこの二回目の循環が完了するまえに、循環P…Pばかりでなく、循環W′…W′も前提されている。

拡大された規模での再生産が行なわれるとすれば、終点のW′は起点のW′よりも大きく、したがってこの場合にはW″で表わされるべきである。

この第三の形態と最初の二つの形態との区別は次の点に見られる。第一に、この第三の形態〔形態

Ⅲ〕では、二つの反対向きの局面をもつ総流通が循環を開始するが、他方、形態Ⅰでは、流通が生産過程によって中断され、形態Ⅱでは、互いに補足し合う二つの局面をもつ総流通が、再生産過程の媒介としてのみ現われ、したがってP…Pのあいだの媒介運動を形成する。G…G′の場合には、流通形態はG―W…W′―G′＝G―W―Gである。P…Pの場合には、流通形態は逆の形態W′―G′・G―W＝W―G―Wである。W′…W′では、流通形態はやはりこの後者の形態をとる。

第二に――循環ⅠおよびⅡの反復においては、終結点のG′およびP′が更新された循環の開始点をな(92)すとしても、このG′およびP′が生み出されたさいの形態は消えうせる。G′＝G＋g も、P′＝P＋p も、GおよびPとして新たな過程を再開する。しかし形態Ⅲでは、同じ規模での循環の更新の場合でも、出発点WはW′として表示されなければならず、しかもそれは次の理由からである。形態Ⅰでは、G′そのものが新たな循環を始めると、それは、貨幣資本Gとして、すなわち、増殖されるべき資本価値の貨幣形態での前貸しとして、機能する。前貸貨幣資本の大きさは、一回目の循環で行なわれた蓄積によって拡張され、増大した。しかし、前貸貨幣資本の大きさが四二二ポンドであろうと五〇〇ポンドであろうと、それが単なる資本価値として現われるということではなんら変わりはない。G′は、価値増殖された、または剰余価値を身ごもった資本としては、すなわち資本関係としては、もはや存在しない。それは、まさにこれから過程のなかで自己を増殖しなければならないものである。同じことはP…P′についても言える。P′は、つねにPとして、剰余価値を生産すべき資本価値として、機能し続け、循環を更新しなければならない。――これにたいして、商品資本の循環は、〔単なる〕資本価値で開始されるのではなく、商品形態において増加した資本価値で開始されるのであり、したがって、最初から、商品形態で現存する資本価値の循環だけでなく、剰余価値の循環をも含む。だから、もしこの形態で単純再生産が行なわれるとすれば、終結点でも出発点でも同じ大きさのW′が登場する。剰余価値の一部分が資本循環にはいり込むとすれば、終わりにはW′でなくW″、より大きいW′が現われるが、しかし次回の循環はふたたびW′で開始されるのであって、それは前回の循環におけるよりも大きいW′であるにすぎず、より大きな蓄積された資本価値で、したがってまた相対的により大きな、新たに生み出された剰余価値とともに、その新たな循環を開始する。どの場合にもW′はつねに、資本価値プラス剰余価値に等しい商品資本として循環を開始する。

Wとしての W′は、個々の一産業資本の循環においては、この資本の形態としてではなく、他の一産業資本――生産諸手段がこの資本の生産物である限りで――の形態として現われる。第一の資本のG―W（すなわちG―Pm）という行為は、この第二の〔すなわち、他の〕資本にとってはW′―G′である。

流通経過G―W$\left\langle\begin{array}{l}A\\Pm\end{array}\right.$では、AとPmとは、それらがその売り手の――一方の場合には自分の労働力を売る労働者たちの、他方の場合には生産諸手段を売る生産諸手段所有者たちの――手中にある商品である限りでは、同じ事情にある。買い手――彼の貨幣はここでは貨幣資本として機能する――にとっては、AとPmとは、彼がまだそれらを買っていないあいだは、すなわち、貨幣形態で存在する彼の資本にたいしてそれらが他人の商品として相対するあいだは、商品として機能するだけである。ここで
(93) は、PmとAとが区別されるのは、Pmがその売り手の資本の商品形態である場合には、この売り手の手

中にあるPmはW′すなわち資本でありうるが、他方、Aは労働者にとってはつねに商品でしかなく、買い手の手中でPの構成部分としてはじめて資本になる、という限りにおいてだけである。

だから、W′は、単なるWとしては、資本価値の単なる商品形態としては、決して循環を開始することはできない。商品資本としては、W′はつねに二重のものである。使用価値の観点のもとでは、それはPの機能の生産物、ここでは糸であって、この糸の、諸商品として流通から出てくる諸要素であるAとPmとは、ただこの生産物の形成者として機能したにすぎない。第二に、価値の観点のもとでは、それは、資本価値P、プラス、Pの機能中に生み出された剰余価値m、である。*

*〔初版および第二版では「いま」となっていた。草稿により訂正〕

W′そのものの循環のなかでのみ、W＝P＝資本価値は、W′のうち剰余価値が存在する部分から、剰余価値が潜んでいる剰余生産物から、分離されうるし、また分離されなければならないのであり、それは、この両部分が、糸の場合のように実際に分離可能であろうと、機械の場合のように実際には分離可能でなかろうと、そうである。この両部分は、W′がG′に転化されるやいなや、つねに分離可能になる。*

*〔初版では、この前に「したがって、資本価値が存在する商品生産物は」とあったが、第二版で削除された〕

総商品生産物が、たとえばわれわれの一万重量ポンドの糸のように、自立的な同質の諸部分生産物に分離可能なものであり、したがってW′―G′という行為がつぎつぎに行なわれる諸販売の総計で表わすことができる場合には、商品形態にある資本価値は、剰余価値が実現されるまえに、したがってW′

が全体として実現されるまえに、Wとして機能することができ、W′からみずからを引き離すことができる。

五〇〇ポンドの価値のある一万重量ポンドの糸のうち、八四四〇重量ポンドの価値＝四二二ポンドは、剰余価値から分離された資本価値に等しい。資本家がまず八四四〇重量ポンドの糸を四二二ポンドで販売するとすれば、この八四四〇重量ポンドの糸は、Wすなわち商品形態にある資本価値を表わす。そのほかにW′のなかに内含されている一五六〇重量ポンドの糸という剰余生産物＝七八ポンドの剰余価値は、あとになってから流通することになる。資本家は、W—G—W$<\begin{matrix}A\\Pm\end{matrix}$を、剰余生産物の流通w—g—wのまえに遂行することができるであろう。

また、彼がまず三七二ポンドの価値のある七四四〇重量ポンドの糸を販売し、次に五〇ポンドの価値のある一〇〇〇重量ポンドの糸を販売したとすれば、Wの第一の部分で生産諸手段（不変資本部分c）が補填され、Wの第二の部分で可変資本部分v、労働力が補填されうるであろう。以下同様。

しかし、このような順次の諸販売が行なわれるとすれば、そして循環の諸条件がそれを許すとすれば、資本家は、W′を c＋v＋m に分割する代わりに、W′の可除諸部分についてもまたこの分割を行なうことができる。

たとえば、W′（一万重量ポンドの糸＝五〇〇ポンド）の部分として不変資本部分を代表する七四四
(94) 〇重量ポンドの糸＝三七二ポンドは、それ自身また、単に不変部分——すなわち七四四〇重量ポンドの糸に消費された生産諸手段の価値——を補填するだけの二七六・七六八ポンドの価値のある五五三

五・三六〇重量ポンドの糸と、可変資本を補填するだけの三七・二〇〇ポンドの価値のある七四四四重量ポンドの糸と、剰余生産物として剰余価値の担い手である五八・〇三二ポンドの価値のある一一六〇・六四〇重量ポンドの糸とに分割されうる。したがって、彼は販売された七四四四〇重量ポンドのうち、三一三・九六八ポンドという価格の六二七九・三六〇重量ポンドの糸の販売によって、七四四四〇重量ポンドに内含されている資本価値を補填することができ、また、剰余生産物一一六〇・六四〇重量ポンドの価値＝五八・〇三二ポンドを収入として支出することができる。

同様に、彼は、さらに一〇〇〇重量ポンドの糸＝五〇ポンド＝可変資本価値を分割し、その分割に応じて売ることができる。三七・二〇〇ポンドの価値のある七四四四重量ポンドの糸は、一〇〇〇重量ポンドの糸の不変資本価値に相当し、五・〇〇〇ポンドの価値のある一〇〇〇重量ポンドの糸は、同じ一〇〇〇重量ポンドの糸の可変資本部分に相当する。したがって、四二・二〇〇ポンドの価値のある八四四四重量ポンドの糸は、一〇〇〇重量ポンドの糸に内含されている資本価値を補填する。最後に、七・八〇〇ポンドの価値のある一五六重量ポンドの糸があり、それは一〇〇〇重量ポンドの糸に内含されている剰余生産物を表わし、剰余生産物として消費されうる。

最後に彼は、まだ残っている七八ポンドの価値のある一五六〇重量ポンドの糸を、もし販売が成功すれば、次のように分割することができる。すなわち、五八・〇三二ポンドの価値のある一一六〇・六四〇重量ポンドの糸の販売は、一五六〇重量ポンドの糸に内含されている生産諸手段の価値を補填し、七・八〇〇ポンドの価値のある一五六重量ポンドの糸の販売は、可変資本価値を補填する。合計一三一六・六四〇重量ポンドの糸＝六五・八三二ポンドは、総資本価値を補填する。最後に、剰余生産物二四三・三六〇重量ポンド＝一二・一六八ポンドが収入として支出されるべきものとして残る。

糸のうちに存在するc、v、mという各要素がさらに同じ構成諸部分に分解可能であるように、一シリング＝一二ペンスの価値のある各一重量ポンドの糸も、次のように分解可能である。

c＝0.744重量ポンドの糸	＝	8.928	ペンス
v＝0.100　〃	＝	1.200	〃
m＝0.156　〃	＝	1.872	〃
c＋v＋m＝1　重量ポンドの糸	＝	12	ペンス

前述の三つの部分販売の結果を合計すれば、一万重量ポンドの糸を一挙に販売した場合と同じ結果が生じる。

不変資本については次のとおりである——

第一次販売で	5,535.360重量ポンドの糸	＝	276.768	ポンド
第二次　〃	744.000　〃	＝	37.200	〃
第三次　〃	1,160.640　〃	＝	58.032	〃
合計	7,440　重量ポンドの糸	＝	372	ポンド

（95）　可変資本については――

第一次販売で	744.000重量ポンドの糸	＝37.200ポンド
第二次　〃	100.000　〃	＝ 5.000 〃
第三次　〃	156.000　〃	＝ 7.800 〃
合計	1,000　重量ポンドの糸	＝50　ポンド

剰余価値については――

第一次販売で	1,160.640重量ポンドの糸	＝58.032ポンド
第二次　〃	156.000　〃	＝ 7.800 〃
第三次　〃	243.360　〃	＝12.168 〃
合計	1,560　重量ポンドの糸	＝78　ポンド

〝総計〟――

不変資本	7,440重量ポンドの糸	＝372ポンド
可変資本	1,000　〃	＝ 50 〃
剰余価値	1,560　〃	＝ 78 〃
合計	10,000重量ポンドの糸	＝500ポンド

(96)

W′―G′はそれ自体では、一万重量ポンドの糸の販売以外のなにものでもない。この一万重量ポンドの糸は他のすべての糸と同じく商品である。買い手が関心をもつのは、一重量ポンドあたり一シリング、または一万重量ポンドでは五〇〇ポンドという価格である。もし取り引きにさいして買い手が〔資本の〕価値構成を問題にするとすれば、それは、ただ、一重量ポンドを一シリングよりも安く売ることもでき、売り手はそれでもなおかつ儲かるであろうということを証明しようとする狡滑な意図によるものでしかない。しかし、彼が購入する分量は、彼の必要による。たとえば、彼が織布工場主だとすれば、彼が購入する分量は、織布工場で機能している彼自身の資本の構成によるのであって、彼に糸を売る紡績業者の資本の構成によるのではない。W′は、一方ではそれに使い尽くされた資本（またはそれのさまざまな構成部分）を補填しなければならず、他方では剰余生産物として――剰余価値の支出にあてられるものであれ資本蓄積にあてられるものであれ――役立たなければならないが、この両者の割合は、一万重量ポンドの糸を商品形態としてもつ資本の循環のなかにだけ存在する。この割合は、販売そのものとはなんのかかわりもない。そのうえここでは、W′がその価値どおりに販売され、したがって商品形態から貨幣形態へのW′の転化だけが問題である、ということも想定されている。この個々の資本の循環のなかで、生産資本を補填しなければならない機能的形態としてのW′にとっては、販売のさいに価格と価値とが互いに背離するかしないか、またどの程度背離するかは、もちろん決定的ではあるが、単なる形態の区別を考察するこの場合には、そのことを問題にする必要はない。

形態Ⅰ、G…G′では、生産過程は、資本の流通の互いに補足し合いかつ互いに反対向きの二つの局面の中間に現われる。それは、終結の局面W′―G′が始まるまえに、終わっている。貨幣が、資本として前貸しされ、まず生産諸要素に転化され、これらの生産諸要素が商品生産物に転化され、そしてこの商品生産物がふたたび貨幣に転換される。これは完結した事業循環であり、その結果はなににでも使える貨幣である。したがって、新たな開始は可能性のうえでしか与えられていない。G…P…G′は、一つの個別資本が事業からしりぞくときにその機能を終結させる最後の循環でもありうるし、新たに機能しはじめる一資本の最初の循環でもありうる。一般的運動はここではG…G′であり、貨幣からより多くの貨幣へ、である。

形態Ⅱ、P…W′―G′―W…P（P′）では、総流通過程が最初のPのあとに続き、第二のPに先行する。しかし、それは形態Ⅰの場合とは反対の順序で行なわれる。最初のPは生産資本であって、その機能は、あとに続く流通過程の前提条件としての生産過程である。これにたいして、終結のPは生産過程ではない。それは、生産資本としての形態での産業資本の再定在にすぎない。しかも、それがこのようなものであるのは、最後の流通局面で行なわれた資本価値のA＋Pmへの転化――すなわち結合して生産資本の定在形態をなす主体的要因と客体的要因とへの転化――の結果としてである。資本は、Pであれ、P′であれ、〔循環の〕終わりにはふたたび、新たに生産資本として機能し生産過程を遂行しなければならない形態で用意されたものとして現存する。運動の一般的形態P…Pは、再生産の形態であり、G…G′のように価値増殖が過程の目的であることを告げるものではない。そのため、この形態は、古典派経済学が、生産過程の特定の資本主義的形態を無視して、生産そのものを過程の目的として描き出すことをますます容易にし、したがって、〔過程の目的が〕できるだけ多量にできるだけ安く生産し、一部は生産の更新（G―W）のために、一部は消費（g―w）のために、生産物をできるだけ多面的に他の諸生産物と交換することにあるように描き出すことをますます容易にする。この場合には、Gとgとはここでは一時的な流通手段としてのみ現われるので、貨幣の独自性も貨幣資本の独自性も見落とされうるのであり、全過程が単純で自然なものに見える――すなわち、浅薄な合理主義*の自然性をもつ。それと同じく、商品資本〔の考察〕にあっては、利潤がときおり忘れられ、そして、全体としての生産循環が問題になると、商品資本は商品として現われるだけであるが、価値の構成部分が問題になると、それは商品資本として現われる。〔古典派経済学には〕蓄積は、もちろん、
(97) 生産と同じ仕方で現われる。

＊〔神学では、信仰を理性によって自然的なものとして基礎づける立場をさす〕

形態Ⅲ、W′―G′―W…P…W′では、流通過程の二局面が循環を開始し、しかも二局面の順序は、形態Ⅱ、P…Pの場合と同じである。その次にPが、しかも形態Ⅰでと同じくその機能である生産過程をともなって続く。この生産過程の結果であるW′で循環は終結する。形態Ⅱでは生産資本の単なる再定在としてのPで循環が終結するのと同じように、形態Ⅲでは、商品資本の再定在としてのW′で循環が終結する。形態Ⅱでは終結形態Pにある資本がふたたび過程を生産過程として開始しなければならないのと同じように、形態Ⅲでは、商品資本の形態での産業資本の再出現とともに、循環は流通局面W′―G′をもってまた新たに開始されなければならない。この両循環形態は未完成である。なぜなら、

これらの形態は、G′——すなわち貨幣に再転化された、増殖された資本価値——で終結してはいないからである。だから、この両形態はさらに続行されなければならず、したがって再生産を含む。形態Ⅲにおける総循環はW′…W′である。

第三形態をはじめの二形態から区別するものは、この循環においてだけ、これから増殖されるべき最初の資本価値ではなく、すでに増殖された資本価値が、価値増殖の出発点として現われる、ということである。ここでは資本関係としてのW′が出発点であり、それがそのようなものとして全循環に決定的な影響を与える。というのは、W′はすでにその第一局面において資本価値の循環をも剰余価値の循環をも含んでおり、剰余価値は、たとえ個々の循環のそれぞれにおいてでなくても、それらの平均においては、一部は収入として支出されて流通w—g—wを経過し、一部は資本蓄積の要素として機能しなければならないからである。

W′…W′という形態では、総商品生産物の消費が、資本そのものの循環の正常な進行の条件として前提されている。総個人的消費は、労働者の個人的消費と、剰余生産物のうちの蓄積されない部分の個人的消費とを包括する。したがって、消費は、その全体が——個人的消費および生産的消費として——条件としてW′の循環にはいり込む。生産的消費（これには事の性質上労働者の個人的消費が含まれている。というのは、労働力はある限界内では労働者の個人的消費の持続的な産物であるから）は、各個別資本そのものによって行なわれる。個人的消費は——個別資本家の生存に必要なもの以外は——社会的行為として想定されているだけで、決して個別資本家の行為として想定されてはいない。

(98)

形態ⅠとⅡでは、総運動は前貸資本価値の運動として表わされる。形態Ⅲでは、増殖した資本が、総商品生産物の姿態で出発点をなし、運動する資本の形態、商品資本の形態をもつ。この商品資本の貨幣への転化後にはじめて、この運動は資本の運動と収入の運動とに分岐する。この形態では、一方では個人的消費元本への、他方では再生産元本への、社会的総生産物の配分が、そしてまたこの二つの元本への各個別商品資本にとっての生産物の特殊な配分が、資本の循環のなかに含まれている。

G…G′には、更新される循環にはいり込むgの大きさに応じて、循環の拡大の可能性が含まれている。

P…Pにおいては、Pが、同じ価値で、ときにはより小さい価値で、新たな循環を開始するが、にもかかわらず拡大された規模での再生産を表わすことがありうる。たとえば、労働の生産性が向上した結果、商品の諸要素が安価になる場合がそうである。逆に、反対の場合、たとえば、生産諸要素が騰貴する場合には、価値から見て増大した生産資本が、素材的には縮小された規模での再生産を表わすことがありうる。同じことはW′…W′についても言える。

W′…W′では、商品形態にある資本が生産の前提となっている。それは、第二のWにおいて、この循環の内部に前提としてふたたび現われる。もしこのWがまだ生産または再生産されていなければ、循環は阻止されている。このWは、大部分は他の産業資本のW′として再生産されなければならない。この循環では、W′は運動の出発点、通過点、終結点として存在し、したがって、つねにその場に存在する。それは再生産過程の恒常的条件である。

(99)

W′…W′は、もう一つの契機によっても、形態ⅠおよびⅡから区別される。資本がその循環過程を開始する形態はまた、資本がそれを終結させる形態でもあり、したがって、資本が同じ循環を新たに開始する始めの形態でふたたび存在するということは、三つの循環のすべてに共通である。始めの形態G、P、W′は、つねに、資本価値が（形態Ⅲでは資本価値に着生した剰余価値とともに）前貸しされる形態であり、したがって循環にかんする資本価値の最初の形態である。終結形態であるG′、P、W′は、いつでも、循環のなかでそれに先行する機能的形態――これは最初の形態ではない――の転化された形態である。

このように、ⅠにおけるG′はW′の転化した形態であり、Ⅱにおける終点のPはGの転化した形態である（そしてⅠとⅡでは、この転化は、商品流通の単純な一経過によって、商品と貨幣との形式的な場所変換によって、引き起こされる）。Ⅲでは、W′は生産資本Pの転化した形態である。しかし、このⅢの場合には、第一に、この転化は、資本の機能的形態にばかりでなく、資本の価値の大きさにも関係する。また第二に、この転化は、流通過程に属する単に形式的な場所変換の結果ではなく、生産資本の商品構成諸部分の使用形態と価値とが生産過程で経過した現実的転化の結果である。

始めの極の形態G、P、W′は、それぞれに行なわれる循環Ⅰ、Ⅱ、Ⅲには前提されている。終わりの極にふたたび現われる形態は、循環そのものの変態系列によって措定され、したがってまた条件づけられている。W′は、個別産業資本の一循環の終結点としては、W′を生産物とする同じ産業資本の、流通には属さない形態Pだけを前提とする。G′は、Ⅰでの終結点としては、すなわちW′の転化した形態（W′―G′）としては、買い手の手中にあるGを、循環G…G′の外部に存在して、W′の販売によってこの循環に引き入れられ、この循環自身の終結形態にされるものとして前提する。同様にⅡでは、終点のPは、AおよびPm（W）を、〔Pの循環の〕外部に存在して、G―Wによって結合されて終結形態Pになるものとして前提する。しかし、最終の極を別とすれば、これらの循環において、個別貨幣資本の循環は貨幣資本一般の定在を前提してはおらず、個別生産資本の循環も生産資本の定在を前提していない。ⅠではGが、ⅡではPが、歴史の舞台に登場する最初の貨幣資本、最初の生産資本でありうるが、しかしⅢの

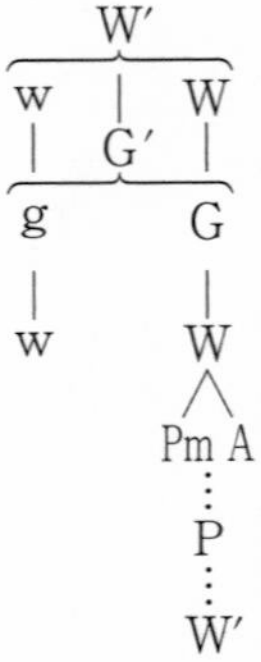

では、Wが循環の外部で二度前提されている。一度は、循環W′―G′―$W<^{Pm}_{A}$においてである。このWは、Pmからなる限りでは、売り手の手中にある商品である。それが資本主義的生産過程の生産物である限りでは、それ自身商品資本である。また、そうでない場合にも、商人の手中では商品資本として現われる。もう一度はw―g―wでの第二のwにおいてであって、このwも、購買されうるためには、商品として現存しなければならない。いずれにしても、商品資本であろうとなかろうと、AおよびPmはW′と同様に商品であり、互いに商品として関係し合う。同じことは、w―g―wでの第二のwにつ

いても言える。したがって、W′＝W（A＋Pm）である限り、W′は諸商品をそれ自身の形成諸要素としなければならず、流通のなかで同等な諸商品によって補填されなければならない。同様に、w―g―wでも、第二のwは流通のなかで他の同等な諸商品によって補填されなければならない。

（100）
さらに、支配的生産様式としての資本主義的生産様式の基礎上では、売り手の手中にある商品はすべて商品資本でなければならない。それは、商人の手中で商品資本であり続けるか、または、まだ商品資本でなかったならば、商人の手中で商品資本となる。さもなければまた、それは、最初の商品資本と入れ替わり、それによってこの資本に別の定在形態を与えたにすぎない商品――たとえば輸入品――であるに違いない。

生産資本Pを構成する商品要素AおよびPmは、Pの定在形態としては、それらがさがし集められるさまざまな商品市場でもっているのと同じ姿態をもってはいない。それらは、いまや一つに結合されており、このような結合において生産資本として機能しうるのである。

この形態Ⅲにおいてだけ、Wが循環そのものの内部でW（＝A＋Pm）の前提として現われるということは、出発点が商品形態の資本であることに由来する。循環は、W′（剰余価値の付加によって大きくされていようとなかろうと、それが資本価値として機能する限り）が、W′の生産諸要素をなす諸商品に転換されることによって、開始される。ところがこの転換は、全流通過程W―G―W（＝A＋Pm）を包括し、またこの過程の結果である。したがって、ここでは両極にWが立つが、その第二の極――これはその形態WをG―Wによって外部から、商品市場から受け取る――は、循環の最終の極ではなく、流通過程を包括する循環の最初の二つの段階の最終の極にすぎない。流通過程の結果はＰであり、続いてその機能、生産過程が始まる。生産過程の結果としてはじめて――すなわち流通過程の結果としてではなく――Ｗ′が循環の終わりとして、始めの極Ｗ′と同じ形態で現われる。これにたいして、Ｇ…Ｇ′およびＰ…Ｐでは、終わりの極であるＧ′およびＰは、流通過程の直接の結果である。したがって、ここ〔Ｇ…Ｇ′およびＰ…Ｐ〕では、〔循環の〕終わりにおいてだけ、一方ではＧ′が、他方ではＰが、他人の手中にあると前提されている。循環が両極のあいだに行なわれる限りでは、一方の場合におけるＧも、他方の場合におけるＰも――すなわち、他人の貨幣としてのＧの定在も、他人の生産過程としてのＰの定在も――これらの循環の前提として現われることはない。これにたいして、Ｗ′…Ｗ′は、Ｗ（＝Ａ＋Pm）が他人の手中にある他人の諸商品であることを前提としているのであり、これらの商品は始めの流通過程によって循環に引き入れられて生産資本に転化され、この生産資本の機能の結果として、いまやふたたびＷ′が循環の終結形態となる。

　しかし、循環Ｗ′…Ｗ′は、その進行のなかでＷ（＝Ａ＋Pm）の形態にある他の産業資本を前提しているからこそ（またPmは、さまざまな種類の他の資本、たとえば、われわれの場合では機械、石炭、油などを包含するからこそ）、この循環そのものが、この循環を、次のように考察せざるをえなくする。
（101）つまり、循環の一般的形態としてばかりでなく、すなわち個々の産業資本の各々（それが最初に投下される場合をのぞき）をそのもとに考察することができるような社会的形態としてばかりでなく、したがってすべての個別産業資本に共通な運動形態としてばかりでなく、同時に、個別諸資本の総和の運動形態すなわち資本家階級の総資本の運動形態としても――個別産業資本の各々の運動が、他の部分運動とからみ合い、他の部分運動によって条件づけられた一つの部分運動としてのみ現われる運動としても――考察せざるをえなくするのである。たとえば、われわれが一国の年々の総商品生産物を考察して、それの一部分がすべての個別事業の生産資本を補塡し、他の部分がさまざまな階級の個人的消費にはいり込む運動を分析するならば、その場合にはわれわれはW′…W′を、社会的資本の運動形態としても、また社会的資本によって生み出される剰余価値または剰余生産物の運動形態としても考察するのである。社会的資本は個別諸資本（株式諸資本を、または、政府が生産的賃労働を鉱山、鉄道などに使用して産業資本家として機能する限りでは国家資本を、含む）の総和に等しいということは、また、社会的資本の総運動は個別諸資本の諸運動の代数的総和に等しいということは、決して次のことを排除しない。すなわち、〔資本の〕この運動は、個々の個別資本の運動としては、同じ運動が社会的資本の総運動の一部分という観点のもとで、すなわち社会的資本の他の諸部分の諸運動との連関において考察される場合とは異なる諸現象を呈するということを、また、〔後者の観点のもとでは〕この運動は同時に、個々の個別資本の循環を考察するさいにはその解決が前提とされなければならないが、個々の個別資本の循環の考察からは解決することのできない諸問題を解決するということを決して排除しないのである。

W′…W′は、そこでは最初の前貸資本価値が運動を開始する極の一部分をなすだけで、また運動がこうしてはじめから産業資本の全体運動として示される唯一の循環である。それはまた、生産資本を補

（102）

填する生産物部分ばかりでなく、剰余生産物を形成して平均的には一部分は収入として支出され一部分は蓄積の要素として役立つべき生産物部分の全体運動として示される唯一の循環でもある。収入としての剰余価値の支出がこの循環に含まれている限りでは、この循環には個人的消費も含まれている。* しかし、さらに、この個人的消費が〔W′…W′に〕含まれるのは、出発点の商品Wが、あるなんらかの日用物品として存在していることにもよるが、しかし、資本主義的に生産された物品はどれも、その使用形態がそれを生産的消費用にしているか、個人的消費用にしているか、またはその両用にしているかを問わず、商品資本なのである。G…G′は、価値の側面を、全過程の目的としての前貸資本価値の増殖を、さし示すだけである。P…P（P′）は、不変の大きさまたは増大した大きさ（蓄積）の生産資本を使った、再生産過程としての資本の生産過程をさし示す。W′…W′は、すでにその始めの極で資本主義的商品生産の姿態として自己を表明し、最初から生産的消費と個人的消費とを包含する。生産的消費とそれに含まれている価値増殖とは、W′…W′の運動の分枝としてのみ現われる。最後に、W′はなんらかの生産過程にふたたびはいり込むことのできない使用形態でも存在しうるのだから、生産物の諸部分で表現されるW′のさまざまな価値構成部分は、W′…W′が社会的総資本の運動の形態と見なされるか、それとも一つの個別産業資本の自立的運動と見なされるかに応じて、異なる位置を占めなければならない、ということは最初から予示されている。この循環は、これらすべての独自性において、一つの単なる個別資本の個々の循環としての自己自身を越え出るものであることを示す。

＊〔この一文はエンゲルスによる〕

図式W′…W′では、商品資本の運動すなわち資本主義的に生産された総生産物の運動は、個別資本の自立的循環の前提として現われるとともに、またその運動そのものがこの循環によって条件づけられるものとしても現われる。だから、この図式がその独自性において把握されるならば、変態W′—G′とG—Wとが、一方では資本の変態のなかの機能的に規定された諸部分であり、他方では一般的商品流通の諸環であるとすることで満足しては、もはや十分ではない。一つの個別資本の諸変態が、他の個別諸資本の諸変態と、また総生産物のうち個人的消費にあてられる部分と、どのようにからみ合っているかを明らかにすることが必要になる。だから、われわれは、個別産業資本の循環を分析するにあたっては、主として最初の両形態〔ⅠおよびⅡ〕を基礎にする。

循環W′…W′が個々の個別資本の形態として現われるのは、たとえば、収穫ごとに計算が行なわれる農業においてである。図式Ⅱでは播種《はしゅ》が、図式Ⅲでは収穫が出発点となる——または、重農主義者たちの言うように、前者では〝前貸し〟《アヴァンス＊》が、後者では〝回収〟《ルプリーズ＊》が出発点となる。資本価値の運動は、Ⅲでは最初から一般的生産物総量の運動の部分としてのみ現われるが、他方、ⅠとⅡではW′の運動は、個々の一資本の運動のなかの一契機をなすにすぎない。

＊〔いずれも一八世紀なかば以後、とくにケネー、チュルゴら重農主義者が経済分析に用いたフランス語〕

（103）

図式Ⅲでは、市場にある諸商品が、生産過程および再生産過程の恒常的前提をなす。だから、この図式を固定させれば、生産過程のすべての要素は、商品流通に由来するように見え、諸商品だけからなるように見える。この一面的把握は、生産過程の諸要素のうち、商品諸要素とはかかわりのない諸要素を見落としている。

W′…W′では総生産物（総価値）が出発点であるから、ここでは、次のことが明らかである。すなわち、生産性が不変であるにもかかわらず、拡大された規模での再生産が行なわれうるのは、（外国貿易を度外視すれば）剰余生産物中の資本化されるべき部分のうちに、追加生産資本の素材的諸要素がすでに含まれている場合だけであること、したがって、ある年の生産が翌年の生産に前提として役立つ限りで、またはこうしたことが単純再生産過程と同時に一年内に行なわれうる限りで、剰余生産物が、追加資本として機能しうる形態でただちに生産されることは、明らかである。生産性の増大は、資本素材の価値を高めることなく、資本素材を増加することしかできない。しかし、それは、そうすることによって価値増殖のための追加材料を形成するのである。

W′…W′はケネーの〝経済表〟*の基礎になっており、彼がG…G′（重商主義が孤立させて固持した形態）と対立させてこの形態を選び、P…Pを選ばなかったことは、偉大な真の見識を示すものである。

＊〔ケネーはその著『経済表』（一七五八年）で、はじめて社会的総資本の再生産と循環の表式的解明を試みた。平田清明・井上泰夫訳『ケネー　経済表』、岩波文庫、二〇一三年〕

（104）

第四章　循環過程の三つの図式*

*〔表題は第五章稿では「循環過程の三つの形態」、第二章稿では「循環の三つの図式」となっていた〕

Ck〔流通の略称〕が総流通過程を示すものとすれば、三つの図式は、次のように表わされうる――

（Ⅰ）G―W…P…W′―G′

（Ⅱ）P…Ck…P

（Ⅲ）Ck…P（W′）

三つの形態のすべてを総括するならば、〔循環〕過程の前提はすべて過程の結果として、過程自身によって生産された前提として、現われる。それぞれの契機が出発点、通過点、および復帰点として現われる。総過程は、生産過程と流通過程との統一として表わされる。生産過程が流通過程の媒介者となり、また逆に後者が前者の媒介者となる。

三つの循環のすべてに共通なものは、規定する目的としての、推進する動機としての、価値の増殖である。Ⅰでは、それが形態のうちに表現されている。形態Ⅱは、Pすなわち価値増殖過程そのもので始まる。Ⅲでは、循環は増殖された価値で始まり、新たに増殖された価値で終わる――運動がもとのままの規模で繰り返される場合でさえもそうである。

W―Gが買い手にとってはG―Wであり、G―Wが売り手にとってはW―Gである限りでは、資本

（105）

の流通は普通の商品変態を表わすにすぎず、商品変態のところ（第一部、第三章、第二節〔b。本訳書、第一巻、二〇一―二二七ページ〕）で展開された、流通する貨幣の総量にかんする諸法則があてはまる。しかし、この形態的側面にとらわれずに、さまざまな個別諸資本の変態の現実の連関、すなわち、実際に、社会的総資本の再生産過程における部分諸運動としての個別諸資本の循環の連関を考察するならば、この連関は、貨幣と商品との単なる形態変換からは説明されえない。

絶えず回転する円においては、どの点も出発点であると同時に復帰点である。回転が中断されれば、どの出発点も復帰点であるとは限らない。このように、どの別個の循環も他のそれを（暗黙のうちに）前提するだけでなく、ある一形態での循環の反復は、他の諸形態での循環の進行をも含む、ということはすでに述べた。こうして〔各循環の〕区別全体は、単なる形態上の区別として、あるいはまた単なる主観的な、考察者にとってのみ存在する区別として、表わされる。

これらの循環のそれぞれが、さまざまな個別的産業諸資本がとる運動の特殊的形態とみなされる限りでは、この相違もまたつねに個別的相違としてのみ存在する。しかし現実には、どの個別産業資本も三つの循環のすべてのなかに同時にいる。*資本の三つの姿態の再生産形態である三つの循環は、連続的に相ならんで遂行される。たとえば、いま商品資本として機能している資本価値の一部分は貨幣資本に転化するが、それと同時に他の一部分は生産過程から新たな商品資本として流通にはいり込む。このようにしてW′…W′という循環形態が絶え間なく描かれる。他の両形態も同様である。どの形態またどの段階にある資本の再生産も、これらの形態の〔あいだの〕変態および三つの段階を通っての順次的推移と同様に、連続的である。したがってここでは、総循環は資本の三形態の現実の統一である。

＊〔この一文はエンゲルスによる。また、これ以下、段落末までは第二草稿による〕

われわれの考察では、資本価値は、その価値全体の大きさの点で全部が貨幣資本として、または生産資本として、または商品資本として登場するものと想定された。そのため、たとえば、四二二ポンドを、最初は全部が貨幣資本であるとし、次にやはりそれが全体として生産資本に転化され、最後に商品資本――五〇〇ポンド（そのうち七八ポンドは剰余価値）の価値をもつ糸――であるとした。この場合には、それぞれの段階がそれと同じ数の中断をなす。たとえば、四二二ポンドが貨幣形態にとどまるあいだは、すなわち購買G―W（A＋Pm）が達成されるまでは、総資本は貨幣資本としてのみ存在し機能する。総資本が生産資本に転化するやいなや、それは貨幣資本としても商品資本としても機能しない。総資本の総流通過程は中断され、同じく他方では、総資本が――Gとしてであれ、W′としてであれ――両流通段階のうちの一つで機能するにいたると、その総生産過程は中断される。したがって、循環P…Pは、生産資本の周期的更新として表わされるだけでなく、また流通過程が終わるまでは、生産資本の機能である生産過程の中断としても表わされるであろう。生産は連続的にではな
(106) くとぎれとぎれに行なわれ、流通過程の両段階の完了が徐々であるか急速であるかに応じて偶然的な長さの期間ののちにのみ更新される。たとえば中国の手工業者の場合がそうであり、彼は個人的顧客のためだけに仕事をし、注文が更新されるまでは彼の生産過程は停止する。

実際には、このことは、運動している個々の資本部分のどれにもあてはまるのであり、資本のすべ

ての部分は順次この運動を経過する。たとえば、一万重量ポンドの糸が、ある紡績業者の週間生産物である。この一万重量ポンドの糸は、全部、生産部面から出てきて流通部面にはいり込む。この糸に内含されている資本価値は、全部、貨幣資本に転化されなければならず、また、それが貨幣資本の形態にとどまっているあいだは、それはまた新たに生産過程にはいり込むことはできない。それはまえもって流通にはいり込んで、生産資本の諸要素 A＋Pm に再転化されなければならない。資本の循環過程は、絶え間ない中断、ある一段階からの離脱、次の段階の開始であり、一形態の脱ぎ捨て、他の一形態での定在である。これらのどの段階も、他の段階にとって条件となるばかりでなく、同時にまた他の段階を排除する。

しかし、連続性は、資本主義的生産の特徴的標識であり、この生産の技術的基礎によって必要とされている――もっとも、この連続性は必ずしも無条件に達成されるものではないとしても。それでは、事態が現実においてどうなっているかを見よう。たとえば一万重量ポンドの糸が商品資本として市場に登場して貨幣（それが支払手段であろうと、購買手段であろうと、あるいは単に計算貨幣にすぎなかろうと）へのその転化を遂行しているあいだに、新たな綿花、石炭などが生産過程で一万重量ポンドの糸に取って代わり、したがってすでに貨幣形態および商品形態からふたたび生産資本の形態に再転化されていて、生産資本としてのその機能を開始する。第一の一万重量ポンドの糸が貨幣に転換されるのと時を同じくして、それ以前の一万重量ポンドの糸はすでにその流通の第二段階を経過し、貨幣から生産資本の諸要素に再転化される。資本のすべての部分は、順々に、循環過程を経過し、同時に循環過程のさまざまな段階にある。このように、産業資本は、その循環の連続性において、同時に循環のすべての段階にあり、それらの段階に照応するさまざまな機能諸形態にある。はじめて商品資本から貨幣に転化される部分にとっては、循環W′…W′が開始されているが、運動している全体としての産業資本にとっては、循環W′…W′を経過している。一方の手では貨幣が前貸しされ、他方の手では貨幣が受け取られる。ある一点での循環G…G′の開始は、同時に他の一点でのこの循環の復帰である。同じことは生産資本についても言える。

(107)

だから、連続性をもつ産業資本の現実の循環は、流通過程および生産過程の統一であるばかりでなく、その三循環すべての統一でもある。しかし、それがこのような統一でありうるのは、ただ、資本のさまざまな部分の各々が循環の相次ぐ諸局面を順次に通り抜けること――ある局面、ある機能形態から他のそれに移行すること――ができ、したがってこれらの部分の全体としての産業資本が、同時にさまざまな局面および機能のうちにあり、こうして三循環のすべてを同時に経過する、その限りにおいてだけである。各部分の継起は、ここでは、諸部分の並立によって、すなわち資本の分割によって、条件づけられる。たとえば、〔分業によって〕編成された工場制度では、生産物は、絶えずその形成過程のさまざまな段階にあり、またある生産局面から他の生産局面に移行している。個別産業資本は、ある一定の大きさ――それは資本家の資力に依存し、かつ各産業部門ごとにある一定の最小の大きさをもつ――を表わすのであるから、資本の分割にあたっては一定の数的比例が存在しなければならない。現存資本の大きさは生産過程の規模を条件づけ、生産過程の規模は、生産過程とならんで機能する限りでの商品資本および貨幣資本の規模を条件づける。しかし、生産の連続性を条件づける〔諸部分の〕並立は、資本の諸部分が次々にさまざまな段階*を経過して行く運動を通じてのみ存在する。この並立自体は継起の結果にすぎない。たとえば、ある部分にとってW′―G′がとどこおり、商品が売れないならば、この部分の循環は中断されて、この部分の生産諸手段による補塡は遂行されない。W′として生産過程から出てくる後続諸部分は、その先行諸部分によってその機能変換をはばまれることになる。こうしたことがしばらく続けば、生産は制限され、全過程は停止される。継起の停滞はいずれも並立を混乱させ、一段階での停滞はいずれも、単に停滞している資本部分の総循環においてだけでなく、個別資本全体の総循環においても大なり小なりの停滞を引き起こす。

＊〔草稿および初版では「循環のさまざまな段階」となっている〕

過程がはっきりと表わされるその次の形態は、新たな局面への資本の移行が他の局面からの離脱によって条件づけられるような、諸局面の継起の形態である。したがってまた、どの特殊的循環も、資本の機能諸形態の一つを出発点および復帰点とする。他面では、総過程は、実際には、相異なる諸形
(108) 態――これらにおいて過程の連続性が表現される――である三つの循環の統一である。総循環は、資本のどの機能形態にとってもそれの独自的循環として現われ、しかもこれらの循環のどれもが総過程の連続性の条件となる。一方の機能形態の循環運動が他方のそれ*の条件となる。総生産過程が同時に再生産過程であり、したがって総生産過程の諸契機のおのおのの循環でもあるということは、総生産過程にとっての、とくに社会的資本にとっての、一つの必須条件である。資本のさまざまな部分が順

次にさまざまな段階および機能形態を経過する。そのことによって、各機能形態は――資本の他の一部分がつねにその形態で表わされるとはいえ――他の機能諸形態と同時に自己自身の循環を経過する。資本の一部分――しかもつねに入れ替わり、つねに再生産される一部分――は、つねに再生産されて、貨幣に転化される商品資本として存在する。他の一部分は、生産資本に転化される貨幣資本として存在する。第三の一部分は、商品資本に転化される生産資本として存在する。三つの形態のすべての絶え間ない現存は、まさにこれらの三局面を通る総資本の循環によって媒介されている。

＊〔草稿および初版では「他方の機能形態のそれ」となっている〕

さらに資本は全体として、同時に、空間的に並立して、そのさまざまな局面にある。しかし、どの部分も絶えず順々に一方の局面、一方の機能形態から、他方のそれに移行し、こうして順々にすべての局面、すべての機能形態で機能する。それらの形態はこのように流動的な諸形態であり、それらの同時性はそれらの継起〔関係〕によって媒介されている。どの形態も他の形態に後続し、また他の形態に先行するのであり、その結果、一方の資本部分のある形態への復帰は、他方の資本部分の他の形態への復帰によって条件づけられている。どの部分も絶えずそれ自身の循環を経過するが、しかし、この形態にあるのは、つねに資本の他の一部分であって、これらの特殊な諸循環は総過程の同時的かつ順次的な諸契機をなすにすぎない。＊

＊〔初版では、このあとに改行して次の段落が続く。「過程進行中の資本価値は、つねに時間的順序に従ってそのさまざまな局面を経過する――ただし、その資本価値がそのつど全部一つの形態でのみ機能して、ある

一定の段階にとどまり、それから全部が後続する段階およびそれに照応する形態に移るか、あるいは、さまざまな形態と局面とへの資本価値の配分によって、それのさまざまな形態と過程との同時性および空間的並立性が生じるかである。後者の場合には、さまざまな形態と過程との同時性または空間的並立性が可能となるのは、諸局面の時間的継起によってのみである。ここでは、資本の一定の価値諸部分は、同時にではなく、順々に順序どおりに経過し、その結果、一部分がある段階を離脱するあいだに、他の部分がそこにはいってくる。したがって、第一に、総資本価値は――少しずつではあっても――順序全体を時間を追って経過し、第二に、資本価値のさまざまな部分の――同時にまたは空間的に並立して現存する――諸過程は、総資本の諸過程の継起およびその諸部分のそれぞれの継起によって媒介され、同時的な過程進行中の統一を形成する」

三循環の統一においてのみ、上述した中断に代わって総過程の連続性が実現される。社会的総資本はつねにこの連続性をもち、社会的総資本の過程はつねに三循環の統一をもつ。

個別資本にとっては、再生産の連続性は、ときどき多かれ少なかれ中断される。第一に、価値総量がしばしば、異なる諸時期に、不等な分量で、さまざまな段階および機能形態に配分されている。第二に、生産されるべき商品の性格に応じて、すなわち資本が投下されている特殊な生産部面に応じて、これらの分量の配分は異なりうる。第三に、自然諸条件によるにせよ（農業、ニシン漁など）、たとえばいわゆる季節労働の場合のように慣習的事情によるにせよ、季節に左右される生産諸部門では、連続性は多かれ少なかれ中断されうる。過程がもっとも規則的に、かつもっとも斉一的に進行するのは、工場および鉱山業においてである。しかし、生産諸部門のこのような相違は、循環過程の一般的

(109)

諸形態にはなんの相違をも引き起こさない。

自己を増殖する価値としての資本は、階級諸関係を、賃労働としての労働の定在にもとづく一定の社会的性格を、含むだけではない。資本は一つの運動であり、さまざまな段階を通る一つの循環過程であり、この過程自体がまた循環過程の三つの異なる形態を含む。だから資本は、運動としてのみ把握されうるのであって、静止している物としては把握されえない。価値の自立化を単なる抽象とみなす人々は、産業資本の運動がこの抽象の〝現実化〟であることを忘れている。価値はここでは、さまざまな形態、さまざまな運動を経過し、そのなかで自己を維持すると同時に増殖し増大する。われわれは、ここではさしあたり単なる運動形態を問題にするのだから、資本価値がその循環過程のなかでこうむりうる諸革命は顧慮されない。しかし、あらゆる価値革命にもかかわらず資本主義的生産が存在しており、また存在し続けることができるのは、ただ資本価値が増殖される限りにおいて、すなわち自立した価値としてその循環過程を経過する限りにおいて、したがって、ただ価値革命がなんらかの方法で克服され調整される限りにおいてである、ということは明らかである。資本の諸運動は、個々の産業資本家が商品と労働との買い手、商品の売り手、および生産的資本家として機能し、したがって彼の活動によって循環を媒介するというやり方で、個々の産業資本家の諸行動として現われる。もし社会的資本価値がある価値革命をこうむれば、彼の個別資本は、この価値運動の諸条件を満たすことができないために、この革命に敗れて滅亡するということも起こりうる。価値諸革命がいっそう急性になり頻繁になればなるほど、自立した価値の、荒々しい自然過程の猛威をもって作用する自動的な運動は、個々の資本家の予測や打算をますます圧倒し、正常な生産の進行が非正常な投機にますます従属し、個別諸資本の存続にとっての危険がますます大きくなる。したがって、これらの周期的な価値革命は、それらが反証すると称されるものを——すなわち価値が、資本として身につけ、かつ自己の運動を通して維持し強化していく自立化を、確証するのである。

過程進行中の資本のこのような諸変態の順列は、循環中に遂行された資本の価値の大きさの変化を
(110)
最初の価値と絶えず比較することを含んでいる。価値形成力である労働力にたいして、価値の自立化がG—A（労働力の購買）という行為で導入され、労働力の搾取としての生産過程中に実現されるならば、価値のこのような自立化は、二度とこの循環のなかでは現われないのであり[*]、この循環のなかでは、貨幣、商品、生産諸要素は、過程進行中の資本価値が入れ替わり合う諸形態にすぎず、そのなかで資本の過去の価値の大きさが現在の変化した価値の大きさと比較される。

＊〔草稿では「この自立的な循環のなかではそれに劣らず同じように現われる」となっている〕

ベイリーは、資本主義的生産様式を特徴づける価値の自立化に反対し、これをある経済学者たちの幻想であるとして、次のように言う——「価値は同時に存在する諸商品のあいだの関係である。なぜなら、このような商品のみが相互に交換されうるからである」[*]。彼は、さまざまの時期における諸商品価値の比較——このような比較は、いったん各時期について貨幣価値を固定するならば、同種の商品の生産のためにそれぞれ異なる諸時期に必要とされる労働支出の比較を意味するにすぎない——に反対してこのようなことを言うのである。このようなことは、彼の一般的誤解から生じるのであって、

それによれば、交換価値＝価値であり、価値の形態は価値そのものであり、したがって、諸商品価値は、もしそれらが能動的に交換価値として機能しないならば、すなわち現実に相互に交換されえないならば、もはや比較可能でない、というのである。すなわち、価値は、その循環のさまざまな局面――これらは決して〝同時的〟なのではなく継起的である――において、自己自身と同一であり続け自己自身と比較される限りでのみ、資本価値または資本として機能するということには、彼は少しも気がつかないのである。

＊〔S・ベイリー『価値の性質、尺度、および諸原因にかんする批判的論究……』、ロンドン、一八二五年、七二ページ。鈴木鴻一郎訳『リカアド価値論の批判』、世界古典文庫、日本評論社、一九四八年、八二ページ〕

循環の定式を純粋に考察するためには、商品が価値どおりに販売されると想定するだけでは十分でなく、ほかの事情も不変のままそのことが行なわれると想定しなければならない。たとえば形態P…Pをとりあげ、そのさい、特定の資本家の生産資本を減価させうる生産過程内部のあらゆる技術革命を度外視し、同じくまた、生産資本の価値諸要素の変動が現存の商品資本の価値――この価値は、もし商品資本の在庫が現存すれば上昇または低下させられうる――におよぼすどんな反作用も度外視するとしよう。一万重量ポンドの糸W′が、その価値どおり五〇〇ポンドで売られ、八四四〇重量ポンド＝四二二ポンドは、W′に内含されている資本価値を補填するものとしよう。しかし、綿花、石炭などの価値が上昇すれば（ここでは単なる価格変動は度外視するのであるから）、おそらくこの四二二ポ

(111)

ンドは生産資本の諸要素を全部補填するには足りないであろう。追加貨幣資本が必要であり、貨幣資本が拘束される。逆に、綿花、石炭などの諸価格が低下すれば＊——貨幣資本は遊離される。価値諸関係が不変な場合にのみ、過程はまったく正常に進行する。循環の反復中に諸撹乱が相殺されるあいだは、過程は事実上、進行する。諸撹乱が大きければ大きいほど、相殺されるのを待つことができるよう、産業資本家はますます大きな貨幣資本を持たなければならない。そして、資本主義的生産の進行のなかで各個別生産過程の規模が拡大され、またそれにつれて前貸しされるべき資本の最小限の大きさが拡大されるから、右の事情はさらに、産業資本家の機能をますます個々のまたは結合した大貨幣資本家たちの独占に転化させることになる。

＊〔これは前後の記述からみて「諸価値」の誤りと思われる〕

ここでついでに述べておかなければならないのは、もし生産諸要素の価値変動が生じるならば、一方の形態G…G′と、他方の形態P…PおよびW′…W′とのあいだに区別が現われることである。

まず貨幣資本として登場する新たに投下される資本の定式としてのG…G′では、たとえば原料、補助材料などの生産諸手段の価値が低下すれば、一定の規模の事業を開始するために必要な貨幣資本の投下額は、価値低下の前よりも少なくなるであろう。というのは、生産過程の規模は（生産力の発展が不変の場合には）、与えられた数量の労働力が使いこなしうる生産諸手段の総量と規模とに依存するのであって、これらの生産手段の価値にも労働力の価値にも依存しないからである（後者の価値は価値増殖の大きさに影響をおよぼすだけである）。その逆の場合。もし生産資本の諸要素をなす諸商品の生産諸要素の価値上昇が起これば、与えられた規模の事業を創設するにはより多くの貨幣資本が必要である。どちらの場合にも、新たに投下されるべき貨幣資本の量だけが影響を受ける。与えられた生産部門において、新たな個別産業資本の増加が通常の仕方で進行する限り、第一の場合には貨幣資本は過剰になり、第二の場合には貨幣資本は拘束される。

　循環P…PおよびW′…W′は、PおよびW′の運動が同時に蓄積であり、したがって追加のgという貨幣が貨幣資本に転化される限りでのみ、それ自身G…G′として現われる。このような場合を別とすれば、この二つの循環は、生産資本の諸要素の価値変動によって、G…G′とは異なる影響を受ける。(112)われわれは、ここでもまた、このような価値変動が生産過程中にある資本の構成諸部分〔c、v、m〕におよぼす反作用は度外視する。ここでは、直接に影響を受けるのは、最初の投資〔新投資〕ではなく、再生産過程にある——一回目の循環にではなく——産業資本である。すなわち、諸商品からなる限りでの生産諸要素への商品資本の再転換であるW′…W$<^{A}_{Pm}$である。価値低下（または価格低下）にさいしては、三つの場合がありうる。すなわち、〔一〕再生産過程が同じ規模で続行される。その場合には、現実の蓄積（拡大された規模での生産）、すなわち現実の蓄積を準備し、またそれにともなうg（剰余価値）の蓄積元本への転化は行なわれずに、これまでの貨幣資本の一部分が遊離されて貨幣資本の積み立てが行なわれる。あるいは、〔二〕技術的諸比率が許すならば、再生産過程の規模が、そうでない場合に起こるであろう以上に拡大される。あるいはまた、〔三〕原料などのいっそう大きな在庫形成が行なわれる。

商品資本の補填諸要素の価値が上昇する場合には、その逆である。この場合には、再生産はもはやその正常な規模では行なわれない（たとえば操業時間が短縮される）。あるいは、再生産をそのもとの規模で続行するために追加貨幣資本がはいり込まなければならない〔貨幣資本の拘束〕。あるいは、蓄積用貨幣元本が現存する場合には、その全部または一部分が、再生産過程の拡大にではなく、もとの規模での再生産過程の運営に用いられる。これもまた貨幣資本の拘束であるが、ただ、この場合には、追加貨幣資本が外部から――貨幣市場から――くるのではなく、産業資本家自身の資金から出てくるだけのことである。

しかし、P…P、W′…W′の場合には、〔右のことに〕変更を加える諸事情が起こりうる。たとえば、もしわが綿紡績業者が綿花の多量の在庫を（すなわち彼の生産資本の大きな部分を綿花在庫の形態で）もっているならば、彼の生産資本の一部分は綿花価格の低下によって減価される。反対に綿花価格が上がれば、彼の生産資本のこの部分の価値上昇が起こる。他方、もし彼が大量〔の価値〕を商品資本の形態で、たとえば綿糸で、固定させているならば、綿花の下落の場合には彼の商品資本の一部分が、したがって一般に循環中にある彼の資本の一部分が、減価される。綿花価格の騰貴の場合には、その逆である。最後に、過程$W'—G—W<^{A}_{Pm}$では、次のようになる。もし$W'—G$すなわち商品資本の実現が、Wの諸要素の価値変動よりも前に行なわれたとすれば、資本は、上記の最初の場合に考察された仕方でのみ、すなわち第二の流通行為$G—W<^{A}_{Pm}$においてのみ、影響される。しかし、$W'—G$の遂行の前〔に価値変動が生じた〕とすれば、他の事情に変わりがない場合には、綿花の価格の低下はそ

（113）れに照応する綿糸の価格の低下を引き起こし、逆に綿花の価格の騰貴は綿糸の価格の騰貴を引き起こす。同じ生産部門に投下されたさまざまな個別資本への影響は、それらの資本がたまたまそのなかに置かれる事情が異なるのに応じて、非常に異なりうる。——貨幣資本の遊離および拘束は、同じくまた、流通過程の継続時間の長さの相違、したがってまた流通速度の相違からも生じうる。けれども、これは回転の考察に属する〔第二篇「資本の回転」〕。ここでわれわれが関心をもつのは、生産資本の諸要素の価値変動に関連してG…G′と循環過程の他の両形態〔P…P、W′…W′〕とのあいだに現われる現実的区別だけである。

資本主義的生産様式がすでに発展し、したがって支配的な時代では、流通部分$G—W\langle^{A}_{Pm}$において、Pmすなわち生産諸手段を構成する諸商品の一大部分は、それ自身、機能している他人の商品資本であるだろう。したがって、売り手の立場からみれば、W′—G′すなわち商品資本から貨幣資本への転化が行なわれる。しかし、絶対的にこのことがあてはまるわけではない。逆である。産業資本が貨幣としてあるいは商品として機能するその流通過程の内部では、産業資本の循環は、貨幣資本としてであれ商品資本としてであれ、きわめてさまざまな社会的生産様式——それが同時に商品生産である限りは——の商品流通と交錯する。商品が奴隷制にもとづく生産の生産物であろうと、農民たち（中国人、インドのライヤト[*1]）、または共同体（オランダ領東インド）、または国営生産（ロシア史の昔の時代に現われる農奴制にもとづくそれ[*2]のような）、または半未開状態の狩猟民族などの生産物であろうと、それらは、産業資本が表わされる貨幣または商品にたいして、商品または貨幣として相対し、産業資本の循環のなかにも、商品資本によって担われる剰余価値の循環にも――この剰余価値が収入として支出される限りで――はいり込む。すなわち、それらは商品資本の流通部門の両方にはいり込む。それらの商品が出てくる生産過程の性格はどうでもよい。商品として、それらは市場で機能し、商品として、それらは産業資本の循環にも、産業資本によって担われる剰余価値の流通にもはいり込む。したがって、産業資本の流通過程を特徴づけるものは、諸商品の由来の全方面的性格であり、世界市場としての市場の定在である。他国の商品について言えることは、他国の貨幣についても言える。商品資本が他国の貨幣にたいして商品としてのみ機能するのと同様に、この他国の貨幣もこの商品資本にたいして貨幣としてのみ機能する。貨幣はここでは世界貨幣として機能する。

＊1〔近東や中東で宗徒、課税農民などを意味したライヤ（アラビア語）に由来し、一九世紀初頭、イギリス統治下のインドで地租や租税を直接に農民から取り立てる制度（ライヤトワリ）がしかれてから、インドの農民をさす用語として知られるにいたった〕

＊2〔一八世紀はじめピョートル一世〔在位一六八二―一七二五年〕の時代に始まったもので、国が国有地に工場を建て、国庫に地代を納める国有地農民＝農奴をその労働者として使用した国営マニュファクチュアの生産〕

けれども、ここで二とおりのことを述べておかなければならない。

第一に。諸商品（Pm）は、G―Pmという行為が終われば、商品であることをやめ、生産資本Pとしての機能形態にある産業資本の定在様式の一つとなる。しかし、それと同時に商品の由来は消えてし

(114)

まっている。諸商品は、いまではもう産業資本の存在形態として存在するにすぎず、産業資本に合体されている。けれども、それらの商品の補塡にはそれらの再生産が必要であるということには変わりはなく、その限りでは、資本主義的生産様式はその発展段階の外にある生産様式によって制約されている。しかし、資本主義的生産様式の傾向は、すべての生産をできる限り商品生産に転化することである。このための資本主義的生産様式の主要手段は、まさしく、すべての生産をこのように資本主義的生産様式の流通過程に引き入れることである。そして、発展した商品生産そのものが資本主義的商品生産である。産業資本の浸透はいたるところでこの転化を促進するが、それとともにまたすべての直接生産者の賃労働者への転化をも促進する。

第二に。産業資本の流通過程にはいり込む諸商品（可変資本が労働者たちに支払われたのちに、労働力の再生産のために転換される必要生活諸手段もこれに属する）は、それらの由来や、それらが出てくる生産過程の社会的形態がどんなものであろうと、産業資本そのものにたいして、すでに商品資本の形態で、商品取引資本または商人資本の形態で、相対する。しかし、後者は、その本性上、すべての生産様式の諸商品を包括する。

資本主義的生産様式は、大規模な生産を前提するのと同様に、必然的にまた大規模な販売を前提する。すなわち、個々の消費者への販売ではなく、商人への販売を前提する。この消費者自身が、生産的消費者、すなわち産業資本家である限りでは、したがって、ある生産部門の産業資本が他の部門に生産諸手段を供給する限りでは、一人の産業資本家の、他の多くの産業資本家への直接販売も（注文の形態などで〕行なわれる。その限りでは、各産業資本家は直接的販売者であり、自己自身が自己の商人である――もっとも、商人に販売する場合にもそうなのであるが。

〔資本主義的生産のもとでは〕商人資本の機能としての商品取引は前提されており、資本主義的生産の発展につれてますます発展する。したがって、われわれは、資本主義的流通過程の個々の側面を例証するために、おりにふれて商品取引を想定する。しかし、資本主義的流通過程の一般的分析にさいしては、商人の介在しない直接的販売を仮定する。なぜなら、商人の介在は運動のさまざまな契機を隠蔽するからである。

この事態をいささか素朴に述べているシスモンディを見よう――

（115）「商業は巨額の資本を使用するが、この資本は、はじめ一見すると、われわれがその経過を詳述した資本の部分をなすものではないように見える。毛織物商人の店に積んである毛織物の価値は、はじめは、年生産物のうちの、富者が貧者を働かせるために賃銀として与える部分とは、まったく無関係であるように見える。しかし、この資本は、われわれが述べた資本に入れ替わったにすぎない。富の発展を明瞭に把握するために、われわれは富の創造をとらえ、それの消費までを追跡した。そのさい、たとえば毛織物製造に使用される資本は、われわれにはいつでも同じものであるように見えた。消費者の収入との交換では、それは二つの部分にのみ分かれた。一方の部分は収益として製造業者にとっての収入をなし、他方の部分は賃銀として新たな毛織物を製造中の労働者にとっての収入をなした。

しかし、やがてわかったことは、この資本のさまざまな部分が互いに入れ替わるほうが、また、製造業者と消費者とのあいだの全流通を行なうのに一〇万エキュ〔旧銀貨〕で足りるとすれば、この一〇万エキュが製造業者と卸売商人と小売商人とのあいだに平等に分配されるほうが、すべての者の利益のためにはよい、ということである。製造業者は、彼が以前に資本全額で行なったのと同じ仕事をわずか三分の一の額で行なった。なぜなら、彼は、自分の製造が終わった瞬間に、以前に消費者を見いだしたよりもはるかに早く買い手の商人を見いだしたからである。卸売商人の資本のほうも、はるかに早く小売商人の資本によって入れ替わられた。……前貸しされた賃銀額と最終消費者の購買価格との差額は、資本の利潤にならなければならなかった。この利潤は、製造業者と卸売商人と小売商人とが互いに彼らの機能を分割したときいらい、彼らのあいだに分配された。そして、なされた仕事は、一人の人間と一つの資本との代わりに三人の人間と三つの資本部分とを使用したとはいえ、同じであった」（『経済学新原理』、第一巻〔パリ、一八一九年〕、一五九、一六〇〔正しくは一三九、一四〇〕ページ〔菅間正朔訳、世界古典文庫、上、日本評論社、一九四九年、一三八―一三九ページ〕）。――「みんな」（商人たち）「が間接に生産に協力した。なぜなら、生産は消費を目的とするのであるから、生産が生産物を消費者の手のとどく範囲に送り込んだときにのみ、完了したとみなされうるからである」（同前、一五七〔正しくは一三七〕ページ〔同前訳、上、一三七ページ〕）。

(116) われわれは、循環の一般的諸形態の考察にあたって、また一般にこの第二部の全体において、金属貨幣としての貨幣を取り上げ、象徴貨幣、すなわち特定の諸国家の特殊物をなすにすぎない単なる価値章標、およびまだ発展していない信用貨幣を除外する。第一に、これが歴史の歩みである。信用貨幣は資本主義的生産の最初期にはなんの役割も演じないか、または取るに足りない役割を演じるだけである。第二に、この歩みの必然性は次のことによって理論的にも立証されている。すなわち、これまでトゥックその他の人々によって展開されてきた信用貨幣の流通にかんする批判的研究のすべては、単なる金属流通の基礎上でなら事態はどのように現われるであろうかという考察に彼らを何度も繰り返し立ち返らせたことである。しかし、忘れてならないのは、金属貨幣は購買手段としても支払手段としても機能しうるということである。簡単にするために、一般にこの第二部では、金属貨幣がわれわれにとって意義をもつのは第一の〔購買手段の〕機能形態においてのみであるとする。

産業資本の個別的循環過程の一部分をなすにすぎない産業資本の流通過程は、それが一般的商品流通の内部における連続した経過を表わすにすぎない限りでは、以前（第一部、第三章〔本訳書、第一巻、一六七ページ以下。とくに第三章、第二節bおよび第三節b〕）に展開された一般的諸法則によって規定されている。たとえば五〇〇ポンドという同じ貨幣総量は、貨幣の通流速度が大きければ大きいほど、すなわち個々の資本のそれぞれが一連の商品変態または貨幣変態を経過するのが速ければ速いほど、ますます多くの産業資本（あるいはまた商品資本としての形態にある個別資本）を相次いで流通させる。したがって、貨幣が支払手段として機能することが多ければ多いほど、したがってたとえば商品資本をその生産諸手段によって補填するさいに単なる決済差額を支払うだけでいいことが多ければ多いほど、また、たとえば労賃の支払いのさいに支払期限が短ければ短いほど、同じ総量の資本価値がその流通のために必要とする貨幣はますます少なくなる。他方、流通速度その他の事情がすべて不変であ

（117）ると前提すれば、貨幣資本として流通しなければならない貨幣の総量は、諸商品の価格総額（価格に商品総量を掛けたもの）によって規定されるか、または、諸商品の総量および価値が与えられているならば、貨幣そのものの価値によって規定されている。

しかし、一般的商品流通の諸法則は、資本の流通過程が一連の単純な流通諸過程をなしている限りでのみ、妥当するのであって、これらの流通過程が個別産業資本の循環の機能的に規定された諸部分をなしている限りでは、妥当しない。

このことを明らかにするためには、流通過程を、次の二つの形態に現われるような、中断されない連関のなかで考察するのが最善である——

（Ⅱ）

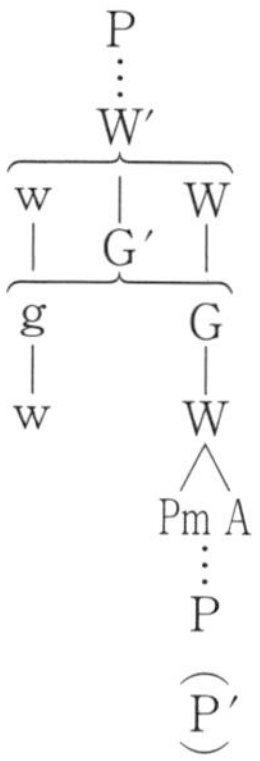

（Ⅲ）

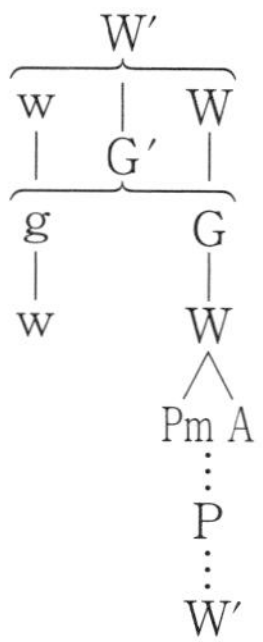

流通経過一般の系列としては、流通過程は（W—G—WとしてであれG—W—Gとしてであれ）商

品変態の二つの反対向きの系列を表わすにすぎず、これらの商品変態の個々の変態のそれぞれは、それはそれでまた、他人の商品の側での反対向きの変態、またはそれに相対している他人の貨幣の側での反対向きの変態を含む。

商品所有者の側のW―Gは、買い手の側のG―Wである。W―Gでの商品の第一の変態は、Gとして登場する商品の第二の変態である。G―Wではその逆である。したがって、一方の段階にある商品変態と他方の段階にある他の一商品の変態とのからみ合いについて示されたことは、資本家が商品の買い手および売り手として機能する限りで、したがって彼の資本が他人の商品にたいしては貨幣として、または他人の貨幣にたいしては商品として機能する限りで、資本流通についてもあてはまる。しかし、この〔商品変態の〕からみ合いが同時に諸資本の諸変態のからみ合いの表現なのではない。

第一に、G―W（Pm）は、上述したように、さまざまな個別諸資本の諸変態のからみ合いを表わしうる。たとえば、綿紡績業者の商品資本である綿糸は、一部分は石炭によって置き換えられる。彼の資本の一部分は貨幣形態にあり、この貨幣形態から商品形態に転換されるが、他方、資本主義的石炭生産者の資本は商品形態にあり、したがって〔商品形態から〕貨幣形態に転換される。同じ流通行為がここでは二つの（さまざまな生産部門に属する）産業資本の反対向きの変態を表わし、したがってこれらの資本の変態系列のからみ合いを表わす。けれども、上述したように、Gが転換されていくPmは、(118)カテゴリー的な意味での商品資本、すなわち産業資本の機能形態である必要はなく、資本家によって生産される必要はない。それはつねに、一方ではG―Wであり他方ではW―Gであるが、しかし必ずしも資本の諸変態のからみ合いであるとは限らない。さらに、Ｇ—Ａ、労働力の購入は、資本の諸変態のからみ合いでは決してない。というのは、労働力は労働者の商品であるが、それは資本家に販売されてはじめて資本になるからである。他方、過程Ｗ′—Ｇ′では、Ｇ′は、転化された*商品資本である必要はない。それは、労働力という商品の貨幣化（労賃）、または自立的労働者、奴隷、農奴、共同体によって生産された生産物の貨幣化でもありうる。

＊〔初版では、「転化された」は「形態上の」となっていた。草稿では「商品資本の形態である必要はない」となっている〕

それに第二に、一つの個別資本の流通過程の内部で生じるそれぞれの変態が演じる、機能的に規定された役割については、その変態のそれぞれが他の資本の循環のなかで、対応する反対向きの変態を表わしているとは——世界市場の総生産が資本主義的に営まれていると前提する場合にも——決して言えない。たとえば、循環Ｐ…Ｐでは、Ｗ′を貨幣化するＧ′は、買い手の側では彼の剰余価値の貨幣化でしかないこともありうる（商品が消費物品である場合）。または、$G'—W'\left\langle{Pm \atop A}\right.$（すなわち、ここへは資本は蓄積された資本としてはいり込む）では、Ｇ′は、Pmの売り手にとっては彼の前貸資本の補填としてのみ彼の資本流通にはいり込むこともありうるし、または、このＧ′が収入の支出に分岐する場合には、もはやまったくはいり込まないこともありうる。

したがって、社会的総資本の異なる構成諸部分——個別諸資本は、この総資本の、自立的に機能する構成諸部分であるにすぎない——が、資本にかんしても剰余価値にかんしても、どのようにして流通過程で相互に補填されるかは、資本流通の諸経過にも他のすべての商品流通にも共通する、商品流通の単なる諸変態のからみ合いからは、明らかにならないのであって、他の研究方法を必要とする。それであるのに人々は、決まり文句——詳しく分析してみれば、すべての商品流通にそなわる諸変態のからみ合いから借りてきたにすぎないあいまいな諸観念のほかにはなにも含まない決まり文句——で、これまで、満足してきたのである。

――――――――*

＊〔草稿でも、ここに区分線が引かれている〕

(119)

産業資本の循環過程の、したがってまた資本主義的生産の、もっとも明白な独自性の一つは、一方では、生産資本の形成諸要素が商品市場に由来し、また絶えず商品市場からあらためて商品として購買されなければならず、他方では、労働過程の生産物が商品として労働過程から出て行き、絶えず新たに商品として販売されなければならないという事情である。たとえば、低地スコットランドの近代的借地農場経営者を大陸の古風な小農民と比較せよ。前者は自己の全生産物を販売し、したがってまた生産物のすべての要素を、種子さえも、市場で補填しなければならない。後者は自分の生産物の大部分を直接に消費し、売り買いはできるだけ少なくし、道具、衣類などはできる限り自分で作る。

そういう観点から、現物経済、貨幣経済、および信用経済*が社会的生産の三つの特徴的な経済的運動形態として互いに対置されることになった。

* 〔マルクスは、ここでドイツ旧歴史学派の代表者の一人ブルーノ・ヒルデブラントの国民経済三発展段階説を批判している。ヒルデブラントは、論文「現物経済、貨幣経済、および信用経済」（一八六四年）でこの説を展開した〕

第一に、この三つの形態は同格の発展諸局面を表わしはしない。いわゆる信用経済は、それ自体、貨幣経済の一つの形態にすぎない――この二つの名称が生産者たち自身のあいだの交易機能または交易様式を表現している限りでは。発展した資本主義的生産では、貨幣経済はいまや信用経済の基礎として現われるにすぎない。貨幣経済と信用経済とは、このように資本主義的生産の異なる発展段階に照応するにすぎず、現物経済に対立して相異なる自立的な交易形態では決してない。〔もしそうであるというなら〕同じ権利をもって、現物経済の非常に異なる諸形態を同格なものとして右の両者に対置することもできるであろう。

第二に、貨幣経済、信用経済というカテゴリーにおいて力説され、区別する標識として強調されるのは、経済、すなわち生産過程そのものではなくて、経済に照応する、さまざまな生産当事者たちまたは生産者たちのあいだの交易様式であるから、第一のカテゴリー〔現物経済〕の場合にも同じことがなされなければならないであろう。そうなると、現物経済ではなくて交換経済であろう。完全に閉鎖された現物経済、たとえばペルーのインカ国*は、これらのカテゴリーのどれにもはいらないであろう。

* 〔ペルーのインカ族が創設した国家で、原始社会の遺制を色濃く残していた。一五世紀の全盛期には、現在

のエクアドル、ボリヴィア、チリ北部、アルゼンチン北西部を支配したが、一五三三年にスペインに征服された〕

第三に、貨幣経済はすべての商品生産に共通であり、生産物はきわめてさまざまな社会的生産有機体のなかで商品として現われる。したがって、資本主義的生産を特徴づけるものは、生産物が取引物品として、商品として、生産される範囲、したがってまた生産物自体の形成諸要素が取引物品として、商品として、この生産物の出どころである経済にあらためてはいり込まなければならない範囲だけであろう。

（120）

実際、資本主義的生産は、生産の一般的形態となった商品生産であるが、しかしそれがそうであるのは、そしてその発展につれてますますそうなるのは、ただ、ここでは労働自体が商品として現われるからであり、労働者が労働、すなわち自己の労働力の機能を売り、しかも、われわれが想定するように、その再生産費によって規定される価値で売るからである。労働が賃労働になるのに応じて、生産者は産業資本家になる。だから資本主義的生産（したがってまた商品生産）は、農村の直接生産者もまた賃労働者である場合にはじめて、その全体的広がりにおいて現われる。資本家と賃労働者との関係では、貨幣関係、買い手と売り手との関係が、生産そのものに内在する一関係になる。しかし、この関係は、基本的に言えば、生産の社会的性格にもとづくのであって、交易様式の社会的性格にもとづくのではない。逆に後者が前者から生じるのである。それにしても、生産様式の性格のうちに生産様式に照応する交易様式の基礎を見るのではなく、それとは逆に見るのは、小商売の金儲けに没頭

しきっているブルジョア的視野にはお似合いのことである。(七)

(七)　以上第五草稿。――以下、本章の終わりまでは、一八七七年または一八七八年の一冊のノートのなかで諸著作の抜粋のあいだに見いだされる覚え書きである。〔新メガは、この覚え書きを「断稿Ⅳ」と呼び、その執筆時期を「おそらく一八七八年六月ないし七月」としている〕

資本家が貨幣の形態で流通に投げ入れる価値は、〔貨幣の形態で〕流通から引き出す価値よりも少ない。なぜなら、彼が商品の形態で流通に投げ入れる価値は、商品の形態で引き出した価値よりも多いからである。彼が、単に資本の人格化として、産業資本家として、機能する限りでは、商品価値の彼による供給は、商品価値にたいする彼の需要よりもつねに大きい。この点で彼の供給と彼の需要とが一致したとすれば、それは、彼の資本の非増殖に等しいであろう。彼の資本は生産資本として機能しなかったことになるであろう。生産資本は商品資本に転化されたが、その商品資本は剰余価値を身ごもっていなかったことになるであろう。それは、生産過程中に労働力から商品形態での剰余価値を引き出さなかったことになり、したがっておよそ資本としては機能しなかったことになるであろう。実際、彼は「彼が買ったよりも高く売ら」なければならないが、彼がこれに成功するのは、まさに、彼が買った、より価値が小さいがゆえにより安い商品を、資本主義的生産過程を媒介として、より価値

（121）

が大きく、したがってより高い商品に転化したからにほかならない。彼がより高く売るのは、彼の商品の価値を超えて売るからではなく、彼の商品の生産諸成分の価値総額を超える価値をもつ商品を売るからである。

資本家が彼の資本を増殖する率は、彼の供給と彼の需要との差額が大きければ大きいほど、すなわち彼の供給した商品価値が彼の需要する商品価値を超える超過分が大きければ大きいほど、ますます大きい。両者の一致ではなく、できる限りの不一致が、彼の供給が彼の需要を超過することが、彼の目的である。

個々の資本家について言えることは、資本家階級についても言える。

資本家が単に産業資本を人格化したものにすぎない限りでは、彼自身の需要は、生産諸手段と労働力とにたいする需要だけである。Pmにたいする彼の需要は、その価値の点から見れば、彼の前貸資本よりも小さい。彼の買う生産手段の価値は、彼の資本の価値よりも小さく、したがって彼の供給する商品資本の価値よりもさらに小さい。

労働力にたいする彼の需要について言えば、それは、その価値の点から見て、彼の総資本にたいする彼の可変資本の割合、すなわち v：C によって規定されており、したがって資本主義的生産においては、比率から見れば、労働力にたいする彼の需要は生産諸手段にたいする彼の需要よりもますます小さくなる。彼は、Aにたいしてよりも Pmにたいして、絶えずますます増大する度合いで、いっそう大きな買い手となる。

労働者が彼の賃銀をほとんど全部、生活諸手段に、それも最大部分を必要生活諸手段に転換する限りでは、労働力にたいする資本家の需要は、間接的には、同時に、労働者階級の消費にはいり込む消費諸手段にたいする需要である。しかしこの需要は v に等しく、これより一原子たりとも大きくはない（もし労働者が彼の賃銀のなかから貯蓄するとすれば――われわれはここでは当然いっさいの信用関係を度外視する――、このことは、彼が彼の賃銀の一部分を蓄蔵貨幣に転化し、〝その程度だけ〟需要者、買い手としては登場しないことを意味する）。資本家の需要の最大限は $C=c+v$ であるが、彼の供給は $c+v+m$ である。したがって、もし彼の商品資本の構成が $80c+20v+20m$ であれば、彼の需要は $80c+20v$ であり、したがって価値の点から見れば彼の供給よりも $\frac{1}{5}$[*1] だけ小さい。彼によって生産される m の総量の百分率（利潤率）が大きければ大きいほど、彼の需要は彼の供給に比べてますます小さくなる。労働力にたいする――したがって間接的には必要生活諸手段にたいする――資本家の需要は、生産の進歩につれて、生産諸手段にたいする彼の需要よりもだんだん小さくなるとはいえ、他方、忘れてならないのは、Pmにたいする彼の需要は、日ごとに計算〔平均〕すれば、つねに彼の資本よりも小さいことである。したがって、生産諸手段にたいする彼の需要は、同等の資本を使いまたそのほかの点でも同じ事情のもとで仕事をして、彼にこの生産諸手段を供給する資本家の商品生産物よりも、つねにより価値の小さいものとならざるをえない。たくさんの資本家がいて一人ではないということは、事態をなにも変えない。彼の資本が一〇〇〇ポンドで、その不変
(122) 部分は八〇〇ポンドであるとしよう。そうすると、〔生産諸手段供給者である他の〕資本家たち全体にた

いする彼の需要は、八〇〇ポンドである。彼らは、一〇〇〇ポンドにつき（そのうちどれだけが彼らのあいだで各個人のものになるにせよ、また各人のものになる分量が彼の総資本のどのような部分をなすにせよ）、利潤率が等しい場合には、合計して一二〇〇ポンドの価値をもつ生産諸手段を供給する。したがって、価値の大きさから見れば、彼の需要は彼らの供給の $\frac{2}{3}$ にあたるにすぎず、他方、彼自身の総需要は彼自身の供給の $\frac{4}{5}$[*2] にすぎない。

＊１〔供給一二〇〇、需要一〇〇〇であるから、需要は供給より六分の一小さい。したがって「$\frac{1}{5}$」ではなく「$\frac{1}{6}$」の誤りと思われる〕

＊２〔彼の総需要は Pm＋v（一〇〇〇ポンド）、彼の供給は c＋v＋m（一二〇〇ポンドの商品資本）であるから、「$\frac{4}{5}$」ではなく「$\frac{5}{6}$」の誤りと思われる〕

ここで、なおついでに先回りして〔資本の〕回転の考察にふれなければならない。彼の総資本が五〇〇〇ポンドで、そのうち四〇〇〇ポンドが固定資本[*1]、一〇〇〇ポンドが流動資本[*1]であるとしよう。上述の仮定に従えば、この一〇〇〇は 800c＋200v である。彼の総資本が年に一回回転するためには、彼の流動資本は年に五回回転しなければならない。そうすれば、彼の商品生産物は六〇〇〇ポンドであり、したがって彼の前貸資本よりも一〇〇〇ポンドだけ大きく、資本と剰余価値の比率はやはり前の場合と同じになる――

すなわち、5000C：1000m＝100（c＋v）：20m である。したがって、この回転は、彼の総需要の、彼の総供給にたいする比率を少しも変えず、前者は後者よりも依然として $\frac{1}{5}$[*2] 小さい。

＊1 〔資本の流通過程から生じる形態の区別で、固定資本は、工場建物、機械、道具などその価値が一労働過程内で一挙には生産物に移転されない資本部分、流動資本は、原料、補助材料、労働力などその価値が一挙に生産物に移転される部分をさす。詳細は、本巻、第二篇、第八章。なお、本訳書、第一巻、一〇六七ページの注六七をも参照〕

＊2 〔総需要五〇〇〇、総供給六〇〇〇であるから、「$\frac{1}{5}$」ではなく「$\frac{1}{6}$」の誤りと思われる〕

彼の固定資本は一〇年で更新されなくてはならないとしよう。すなわち彼は、年々 $\frac{1}{10}$ すなわち四〇〇ポンドを償却する。そのため、彼はいまではもう、固定資本での三六〇〇ポンドの価値、プラス、貨幣での四〇〇ポンドの価値、をもつにすぎない。修理が必要であり、そしてそれが平均程度を超えない限り、それは、彼があとになってはじめて行なう資本投下にほかならない。われわれは事態を次のように見ることもできる。すなわち、彼は、彼の投下資本――それが毎年の商品生産物にはいり込む限りで――の価値評価にあたって、修理費もあらかじめ計算に入れているので、修理費は $\frac{1}{10}$ の償却のなかに含まれている、と。（もし彼の修理の必要が実際は平均を下回れば、その分は彼の儲けであり、まったく同様に、もしそれが平均を上回れば彼の損である。しかしこれは、同じ産業部門で仕事をする資本家の全階級について見れば、平均される。）いずれにしても、彼の総資本の回転が年一回ならば、彼の年需要は依然として五〇〇〇ポンドで、彼の最初の前貸資本価値に等しいとはいえ、この需要は、資本の流動部分にかんしては増加し、他方、資本の固定部分にかんしては絶えず減少する。

資本家として	需　要＝100	供　給＝120
享楽者として	〃　＝　20	〃　＝—
合　計	需　要＝120	供　給＝120

(123)

次に、再生産に進もう。資本家は剰余価値g全部を消費して、最初の資本の大きさCだけをふたたび生産資本に転換するものとしよう。いまや資本家の需要は、彼の供給と等価値である。しかし、彼の資本の運動についてはそうではない。資本家としては、彼は、彼の供給の $\frac{4}{5}$ *（価値の大きさから見て）しか需要しない。$\frac{1}{5}$ *を彼は非資本家として、すなわち、資本家としての彼の機能においてではなく、彼の私的欲求または享楽のために消費する。

*〔前記により、資本家の需要は五〇〇〇または一〇〇、供給は六〇〇〇または一二〇であるから、「$\frac{4}{5}$」ではなく「$\frac{5}{6}$」、また供給六〇〇〇または一二〇にたいしてmは一〇〇〇または二〇であるから、「$\frac{1}{5}$」ではなく「$\frac{1}{6}$」の誤りと思われる〕

その場合には、彼の計算は上のような比率になる――

この前提は、資本主義的生産が存在しないという前提、したがって産業資本家そのものが存在しないという前提に等しい。というのは、致富そのものではなく享受が推進的動機として作用するという前提によって、資本主義はその基礎においてすでに廃止されているからである。

しかし、この前提は技術的に不可能でもある。資本家は、価格の変動にそなえて、また売買にとってもっとも有利な市況を待つことができるように、準備資本を形成しなければならないばかりではない。彼は、それで生産を拡張し技術的進歩を彼の生産有機体に合体するために、資本を蓄積しなければならない。

資本を蓄積するためには、彼はさしあたり、流通から彼のもとに流れてきた貨幣形態にある剰余価値の一部分を流通から引きあげて、それを蓄蔵貨幣として――これが旧事業の拡張またはそれに並ぶ事業の開始に必要な大きさに達するまで――増大させなければならない。蓄蔵貨幣の形成が続くあいだは、それは資本家の需要を増加させない。貨幣は不動の状態におかれている。この貨幣は、供給された商品と引き換えに貨幣等価物を商品市場から引きあげたが、この貨幣等価物に相当する商品等価物を商品市場から引きあげはしない。

信用はここでは度外視される。そして、たとえば貨幣がたまるにしたがって、資本家がそれを銀行に利子を得るために当座勘定で預金する場合は、信用に属する。

（124）

第五章　通流時間(八)*

(八)　以下第四草稿。

＊〔第四草稿の表題は「2）　生産時間と通流時間」、第二草稿の表題は「2）　通流時間」、第二草稿表紙プランでは「2）　流通時間または通流時間」となっている〕

生産部面と流通部面の二つの局面とを通る資本の運動は、すでに見たように、時間的系列をもって遂行される。生産部面における資本の滞留の時間は資本の生産時間をなし、流通部面における滞留の時間は資本の流通時間または通流時間をなす。したがって資本がその循環を経過する総時間は、生産時間と通流時間との合計に等しい。

生産時間はもちろん労働過程の期間を包括するが、生産時間は労働過程の期間によって包括されてはいない。まずもって思い出されるのは、不変資本の一部分は、機械、建物などのような労働諸手段として存在し、それらは、寿命の尽きるまで、絶えず新たに反復される同じ労働過程で役立つということである。労働過程の周期的な中断は、たとえば夜間に確かにこれら労働諸手段の機能を中断するが、しかし生産場所でのそれらの滞留を中断することはない。これらの労働手段は、それらが機能しているあいだだけでなく、機能していないあいだも生産場所に所属する。他方、生産過程が、市場からの日々の供給の偶然に左右されずに短期または長期にわたって予定された規模で進行するためには、資本家は、原料および補助材料の一定の在庫を準備しておかなければならない。原料などのこの在庫は、徐々に生産的に消費されていくだけである。したがって、その生産時間[九]とその機能時間とのあいだに差が生じる。すなわち、生産諸手段の生産時間は、一般に次の三つの時間を包含する。（一）それが生産諸手段として機能している時間、すなわち生産過程において役立つ時間、（二）生産過程が、(125)したがってまた生産過程に合体された生産諸手段の機能が、中断されている休止期、（三）生産諸手段が確かに過程の条件として準備されており、したがってすでに生産資本を表わしてはいるが、まだ生産過程にはいり込んでいない時間。

（九）　ここでは生産時間は、能動的な意味に使われている。生産諸手段の生産時間とは、ここでは、生産諸手段が生産される時間ではなく、それらがある商品生産物の生産過程に参加している時間のことである。——F・エンゲルス。

これまでに考察された差は、いつも、生産資本が生産部面に滞留する時間と、生産過程にそれが滞留する時間との差である。しかし、生産過程そのものが、労働過程の、したがってまた労働時間の中断を条件とすることがありうる。それは、労働対象がそれ以上人間労働を加えられることなく自然的過程の作用にゆだねられる中間時間である。この場合には、労働過程は、したがってまた労働諸手段としての生産諸手段の機能は中断されているとはいえ、生産過程は、したがって生産諸手段の機能は持続している。たとえば、播かれた穀粒、地下貯蔵室で醱酵しているワイン、多くの製造業——たとえば皮なめし業のような——で化学的過程にゆだねられている労働材料が、そうである。この場合には、生産時間は労働時間よりも大きい。両者の差は、労働時間を超える生産時間の超過にある。この超過は、つねに、生産資本が生産過程そのもののなかで機能してはいないが潜在的には生産部面にあるということ、または、生産資本が労働過程にはないが生産過程のなかで機能するということから、生じる。

潜在的生産資本のうち、たとえば、紡績業での綿花、石炭などのようにただ生産過程の条件として準備されているだけの部分は、生産物形成者としても価値形成者としても作用しない。この部分は遊休資本である――といっても、その遊休は、生産過程が中断されずに流れるための一条件をなすのであるが。〔a〕[*]生産的〔生産資本＝生産諸要素の形態での〕在庫（潜在的資本）の貯蔵所として役立つのに必要な建物、装置などは、生産過程の条件であり、したがって、前貸生産資本の構成諸部分をなす。それらは、〔生産過程に〕先行する段階にある生産的な構成諸部分の保管所としてのその機能を果たす。この段階の労働諸過程が必要とされる限りでは、その労働諸過程は原料などを高価にするが、しかしそれらは生産的労働であり、剰余価値を形成する。なぜなら、この労働の一部分は、他のすべての賃労働の一部分がそうであるように、支払われないからである。〔b〕生産過程全体の正常な中断、すなわち生産資本が機能しない休止期間は、価値も剰余価値も生産しない。そこから、夜間にも労働させようという努力〔が生じる〕（第一部、第八章、第四節〔本訳書、第一巻、四四七ページ以下。この指示は、エンゲルス〕）。――〔c〕労働対象が生産過程そのものの継続するあいだ経過しなければならない労働時間の休止期間は、価値も剰余価値も形成しない。しかし、それは、生産物〔の完成〕を促進し、生

(126)
産物の生涯における一部分、生産物が経過しなければならない一過程をなす。諸装置などの価値は、それらが機能する全時間に比例して生産物に移転される。生産物は、労働そのものによってこの段階に置かれ、そしてこれらの装置の使用は、綿花の一部分が塵《ちり》となって飛散することと同様に、生産の条件なのであって、この部分は生産物にはいり込まないが、それにもかかわらずその価値を生産物に移転する〔本訳書、第一巻、三五六ページ参照〕。建物、機械などのような潜在的資本の他の部分、すなわち生産過程の規則的な諸休止によってのみ機能を中断される労働諸手段――生産制限、恐慌などによる不規則な中断は純損失である――は、生産物形成にはいり込むことなしに〔生産物に〕価値をつけ加える。この資本部分が生産物につけ加える総価値は、その平均耐用期間によって規定されている。この部分は、それが機能する時間にも機能しない時間にも、使用価値を失うのであるから、価値を失うのである。

＊〔この「a」および以下の「b」「c」の記号は第四草稿に付されており、ここから本訳書、第二巻、一九九ページ五行目の「移転する」までの文は、本文への挿入を意図して草稿ページ下の空欄にあとから書き加えられたと考えられる。新メガでは、これを、第五草稿の作業中の一八七六年一〇月から一八七七年一月のあいだのことであろうと推定している〕

最後に、労働過程が中断されていても生産過程に存在し続ける不変資本部分の価値は、生産過程の結果のうちに再現する。この場合〔前記の穀粒、ワインなどの場合〕には、生産諸手段は、おのずからしかるべき自然諸過程を経過して、その自然諸過程の結果が特定の有用効果、または生産諸手段の使用価値の形態変化であるような諸条件のもとに、労働そのものによって置かれている。労働は、生産諸手段を現実に合目的的に生産諸手段として消費する限り、つねに生産諸手段の価値を生産物に移転する。この効果を生み出すために、労働が労働諸手段を媒介として連続的に労働対象に働きかけなければならないか、それとも、労働はきっかけを与えるだけで、労働のそれ以上の助力なしでも生産諸手段がおのずから、自然諸過程の結果として所期の変化をこうむるような諸条件のもとに生産諸手段を置くだけでよいか、そのどちらであろうと、事態になんら変わりはない。

生産時間が労働時間を超過する原因がたとえなんであろうと——生産諸手段が潜在的生産資本をなすにすぎず、したがってまだ現実の生産過程への前段階にあるということであろうと、または生産過程の休止によって、この過程内で生産諸手段自身の機能が中断されるということであろうと、または最後に、生産過程そのものが労働過程の中断を条件とするということであろうと——、これらのどの場合にも、生産諸手段は労働吸収者としては機能しない。生産諸手段は、労働を吸収しなければ、剰余労働も吸収しない。だから、生産資本が、それの生産時間のうち労働時間を超過する部分にあるあいだは、たとえ価値増殖過程の完遂がこの過程のこうした休止とどんなに不可分であろうとも、生産資本の価値増殖は行なわれない。生産時間と労働時間とが一致すればするほど、与えられた時期のなかでの、与えられた生産資本の生産性と価値増殖とはそれだけ大きくなるということは、明らかである。そこから、労働時間を超える生産時間の超過をできるだけ短縮しようとする資本主義的生産の傾向〔が生じる〕。しかし、たとえ資本の生産時間が資本の労働時間から背離することがあろうとも、生

(127)

産時間はつねに労働時間を包括しており、その超過そのものが、生産過程の条件である。したがって、生産時間は、資本が潜在的である時間、あるいはまた資本が自己増殖することなしに生産する時間を含むとはいえ、それはつねに、資本が使用価値を生産し、かつ自己自身を増殖する時間、したがって生産資本として機能する時間である。

流通部面内に、資本は商品資本および貨幣資本として住みつく。資本の両流通過程は、自己を商品形態から貨幣形態に、また貨幣形態から商品形態に、転化することにある。商品の貨幣への転化が、ここでは同時に、商品に合体されている剰余価値の実現でもあり、また、貨幣の商品への転化が、同時に、資本価値の、その生産諸要素の姿態への転化または再転化でもあるという事情は、これらの過程が流通過程としては単純な商品変態の過程であるということを、決して変えるものではない。

通流時間と生産時間とは、互いに排除し合う。資本は、その通流時間中は生産資本としては機能せず、したがって商品も剰余価値も生産しない。総資本価値が毎回一挙に一局面から他の局面に移ることになるような、もっとも単純な形態での循環を考察するならば、資本の通流時間が続くあいだは生産過程は中断されており、したがって資本の自己増殖も中断されているということ、また、通流時間の長さに応じて生産過程の更新があるいは急速に、あるいは緩慢になるであろうということは、きわめて明白である。これにたいして、資本のさまざまな部分がつぎつぎに循環を経過し、そこで総資本価値の循環がこの総価値のさまざまな部分の循環において順次に遂行されるならば、流通部面における資本の可除部分の持続的滞留が長ければ長いほど、持続的に生産部面で機能する資本部分はそれだけ小さくならざるをえないことは、明らかである。だから、通流時間の膨張および収縮は、生産時間の、もしくは与えられた大きさの資本が生産資本として機能する範囲の、収縮または膨張にたいして、消極的制限として作用する。資本の流通諸変態が観念上のものにすぎなければすぎないほど、すなわち通流時間がゼロになるかまたはゼロに近くなればなるほど、資本はそれだけ多く機能し、資本の生産性と自己増殖とはそれだけ大きくなる。たとえば、ある資本家が注文に応じて仕事をし、そこで生産物の引き渡しのさいに支払いを受け、かつ支払いが彼自身の生産諸手段で行なわれるならば、流通時間はゼロに近づく。

(128)

　このように、資本の通流時間は、一般に資本の生産時間を制限し、したがって資本の価値増殖過程を制限する。しかも、資本の通流時間は、その時間の長さに比例して資本の価値増殖過程を制限する。しかし、この時間の長さは実にさまざまに増減しうるのであり、したがって実にさまざまな度合いで資本の生産時間を制限しうる。それなのに、経済学が見るものは、現象するもの、すなわち、通流時間が資本の価値増殖過程一般におよぼす作用である。経済学は、この消極的作用を、その結果が積極的であるという理由で、積極的作用と解する。経済学はなおさらこの仮象に固執するが、それは、資本が、資本の生産過程にはかかわりのない、したがって労働の搾取にはかかわりのない、神秘的な自己増殖の源泉をもっており、この源泉は流通部面から資本に流れてくるということの証拠を、この仮象が提供するように見えるからである。科学的経済学〔古典派経済学〕でさえもこの仮象によってどの

(129) ようにだまされるかは、あとで述べよう。この仮象は、やはりあとで示されるように、次のようなさまざまな現象によって強固なものにされる――（一）利潤の資本主義的計算方法。そこでは消極的原因が積極的原因として現われる。というのは、通流時間だけが異なるさまざまな投下部面にある諸資本にとっては、より長い通流時間は、価格上昇の原因として、要するに諸利潤均等化の諸原因〔この問題は、第三部で考察される〕の一つとして、作用するからである。（二）通流時間は回転時間の一契機をなすにすぎない。しかし回転時間は、生産時間または再生産時間を含む。生産時間に起因することが、通流時間に起因するかのように見える。（三）諸商品の可変資本（労賃）への転換は、あらかじめ諸商品が貨幣に転化されていることを条件とする。したがって、資本蓄積のさいには、〔諸商品の〕追加可変資本への転換は、流通部面で、または通流時間中に行なわれる。だから、このようにして行なわれる蓄積は、通流時間に起因するかのように見える。

　流通部面内では、資本は――順序はどちらであれ――二つの相反する局面W―GおよびG―Wを経過する。したがって、資本の通流時間も二つの部分に――資本が自己を商品から貨幣に転化するために要する時間と、自己を貨幣から商品に転化するために要する時間とに――分かれる。すでに単純な商品流通の分析（第一部、第三章〔本訳書、第一巻、一六七ページ以下〕）からも知られるように、W―G、すなわち販売は、資本の変態のもっとも困難な部分であり、したがってまた、普通の事情のもとでは、通流時間のうちのより大きな部分をなす。貨幣としては、価値は、いつでも〔他に〕転換可能な形態にある。商品としては、価値は、貨幣への転化によってはじめて、この直接的交換可能性の姿態、したがってまたいつでも即応できる活動性の姿態を、受け取らなければならない。一方、Ｇ―Ｗの局面にある資本の流通過程で問題であるのは、ある与えられた投資において生産資本の特定の諸要素をなす諸商品への資本の転化である。ときには、生産諸手段が市場にはなくて、これから生産されなければならないとか、遠方の諸市場から取り寄せなくてはならないとか、平常どおりの供給が中止されるとか、価格の変動が起こるなど、要するに、単純な形態変換Ｇ―Ｗでは見られないとはいえ、やはり流通局面のこの部分のために多い少ないの違いはあれ時間を必要とする、数多くの事情がある。Ｗ―ＧとＧ―Ｗとは、時間的に分離されうるように、空間的にも分離されうる。すなわち、購買市場と販売市場とが空間的に異なる市場でありうる。たとえば工場では、仕入担当と販売担当とが、しばしば別人の場合がある。商品生産では、流通は生産そのものと同様に必要であり、したがって、流通当事者たちが生産当事者たちと同様に必要である。再生産過程は、資本の両方の機能を含み、したがって、資本家自身によってであれ、その代理人である賃労働者たちによってであれ、これらの機能が代行されることの必要をも含む。しかし、このことは、商品資本および貨幣資本の諸機能を生産資本の諸機能と混同する理由とはならないのと同様に、流通当事者たちを生産当事者たちと混同する理由とはならない。流通当事者たちは生産当事者たちによって支払われなければならない。しかし、互いに売買し合う資本家たちが、この行為によっては諸生産物も価値もつくり出さないのだから、彼らの事業の規模が彼らに、この売買の機能を他人に肩代わりすることを可能にさせ、余儀なくさせる場合でも、この事情に変わりはない。多くの事業では、仕入担当と販売担当とは利潤の分け前によって支払われる。彼らは消費者たちによって支払われるという決まり文句は、なんの役にも立たない。消費者たちが支払うことができるのは、ただ、彼ら自身が生産の当事者として商品の形で等価物を生産するか、または、法的な権原にもとづいて（生産当事者の〝共同事業者〟などとして）であれ個人的サーヴィスによってであれ、生産当事者たちからこのような等価物を取得するかする、その限りでしかない。W—GとG—Wとのあいだには、商品と貨幣との形態の相違とはなんの関係もない、生産の資本主義的性格から生じる一つの区別がある。それ自体としては、W—GもG—Wも、与えられた価値の一方の形態から他方の形態への単なる移し換えにすぎない。しかしW′—G′は、同時に、W′に含まれる剰余価値の実現である。G—Wはそうではない。だから、販売は購買よりも重要である。G—Wは、正常な諸条件のもとでは、Gで表現される価値の増殖のために必要な行為ではあるが、剰余価値の実現ではない。それは剰余価値の生産への序論であって、それの付録ではない。

（130）

商品資本の流通W′—G′には、諸商品そのものの存在形態によって、使用価値としての諸商品の定在によって、一定の制限が付されている。諸商品は、生まれつき朽ちやすいものである。したがって諸商品は、一定の期限内にそれらの本来の用途に応じて生産的または個人的消費にはいり込まなければ、言い換えれば一定の時間内に販売されなければ、それらは腐朽し、その使用価値と一緒に、交換価値の担い手であるという属性をも失う。諸商品に含まれる資本価値、およびこの資本価値に着生した剰余価値は、失われる。諸使用価値は、それらが絶えず更新され再生産されて、同種または他種の新しい諸使用価値に置き換えられる限りでのみ、多年にわたり自己を増殖する資本価値の担い手であり続ける。しかし、諸使用価値がその完成した商品形態で販売されること、したがってこの販売に媒介されて生産的または個人的消費にはいり込むことは、諸使用価値の再生産の、絶えず更新される条件である。諸使用価値は、新しい使用形態で存在し続けるためには、一定の時間内にその古い使用形態を取り替えなければならない。交換価値は、その身体〔商品体〕のこのような不断の更新によってのみ維持される。さまざまな商品の諸使用価値は、急速に、または徐々に、腐朽する。したがって、諸使用価値の生産とそれらの消費とのあいだに経過する時間は、より長いこともより短いこともありうる。すなわち、さまざまな商品の諸使用価値は、滅びることなく、流通局面W―Gのなかを商品資本としてあるいは短く、あるいは長く持ちこたえ、あるいは短い、あるいは長い通流時間を商品として耐え抜くことができる。商品体そのものの腐朽によって画される商品資本の通流時間の限界は、通流時間のこの部分の、言い換えれば商品資本が商品資本〝として〟経過しうる通流時間の、絶対的限界である。ある商品が朽ちやすければ朽ちやすいほど、したがって生産されたらより早く消費されなければならず、したがってまたすぐに販売されなければならないものであればあるほど、それだけその商品はその生産場所からわずかしか離れることができなくなり、したがってそれだけその空間的な流通部面は狭くなり、それだけその販売市場は局地的性質のものになる。だから、一商品が朽ちやすければ朽ちやすいほど、その自然的性状による商品としてのその通流時間の絶対的制限が大きければ大きいほど、それだけその商品は資本主義的生産の対象には適さないものとなる。このような商品は、人口の多い場所でのみ、または輸送手段の発達によって地方間のへだたりが縮まる程度に応じてのみ、資本主義的生産のものになりうる。しかし、ある物品の生産が少数の手中に、また人口の多い場所に集中することは、そうした物品についても、相対的に大きな市場を創造することがありうる――たとえば大規模なビール醸造業、搾乳場などの場合のように。

（131）

第六章　流通費*

*〔第四草稿では「3）流通費」となっている（第二草稿でも同様）〕

第一節　純粋な流通費*

*〔第二草稿表紙プランでは「a）単なる流通形態から生じる費用」、第四草稿では「a）形態転化そのものから生じる流通費」となっている。第四草稿では、本節の三つの項は「α）購買時間と販売時間、市場取引時間、β）簿記、払い込みと支払い等々、γ）貨幣そのもの、流通過程の費用」となっている〕

1　購買時間と販売時間

商品から貨幣への、および貨幣から商品への、資本の形態転化は、同時に資本家の取り引きであり、購買行為および販売行為である。資本のこれらの形態転化が遂行される時間は、主観的には、資本家の見地からは、販売時間および購買時間、すなわち彼が市場で売り手および買い手として機能する時間である。資本の通流時間が資本の再生産時間の必要な一部分をなすのと同様に、資本家が購買したり販売したり、市場で歩き回る時間は、彼が資本家として、すなわち人格化された資本として、機能する時間の必要な一部分をなす。その時間は彼の営業時間の一部分をなす。

〔諸商品はその価値どおりに売買されると仮定したのだから、これらの過程で問題となるのは、同じ価値の、一形態から他の形態への、商品形態から貨幣形態への、また貨幣形態から商品形態への転換――一つの状態変化だけである。諸商品がその価値どおりに販売されるとすれば、価値の大きさは、買い手の手中にあっても売り手の手中にあっても依然として変わらない。ただその定在形態が変わっただけである。諸商品がその価値どおりに販売されなくても、転換される諸価値の総額は依然として変わらない。一方の側でのプラスは他方の側でのマイナスである。

けれども、変態W―GおよびG―Wは、買い手と売り手とのあいだで行なわれる取り引きである。取り引きは、商談をまとめるのに、時間を要する。ここでは、どちらの側も他方の側をだまして得をしようとする戦いが行なわれるだけに、また事業家たちは、「〝ギリシア人がギリシア人と出会えば激戦が起こる〟」と言われるように、互いに対抗しているだけに、なおさらそうである。状態変化には(132)時間と労働力とがかかるが、しかしそれは、価値を創造するためにではなく、価値の一形態から他の形態への転換を引き起こすためであって、その場合、この機会に価値の超過分量を取得しようとするお互いどうしの試みは、事態をなにも変えはしない。双方の側の悪意のあるもくろみによって増大するこの労働が価値を創造しないことは、訴訟のさいに行なわれる労働が係争物の価値の大きさをふやさないのと同様である。総体としての資本主義的生産過程――これは流通をも包含し、または流通によって包含される——の必要な一契機であるこの労働は、たとえば熱を発生させるために用いられる物質を燃焼させる仕事とほぼ同じものである。この燃焼させる仕事は、燃焼過程の必要な一契機であるとはいえ、なんらの熱も発生させない。たとえば、石炭を燃料として消費するためには、それを酸素と化合させなければならず、またそのためには石炭を固体状態からガス状態に変えなければならず（というのは、燃焼の結果である炭酸ガスにおいては石炭はガス状にあるからである）、したがって、物理的な定在形態または状態の一変化を生じさせなければならない。化合して一つの固形の固まりをなしている炭素分子を分離し、炭素分子そのものを個々の原子に分解することが、新たな化合に先行しなければならない。そして、これには、ある一定の力の支出が必要なのであり、したがってこの力の支出は、自己を熱に転化するのではなく、熱から差し引かれるのである。だから、もし商品所有者たちが資本家ではなく自立した直接的生産者であるならば、購買と販売とに使われる時間は、彼らの労働時間からの控除であり、したがって、彼らはつねに（古代でも中世でも）このような行為を休日まで先延ばししようとした。

＊〔一七世紀のイギリスの劇作家ナサニエル・リー作『争う王妃たち、またはアレクサンドロス大王の死』（一六七七年）、第四幕、第二場（所収、『戯曲集』第三巻、ロンドン、一七三四年、二六六ページ）の言い換え。「両雄並び立たず」という意味〕

資本家たちの手中での商品転換〔売買〕がどのような広がりをもとうとも、もちろん、価値を創造するのではなく価値の形態変換を媒介するにすぎないこの労働を、価値を創造する労働に転化させることはできない。同じようにまた、この全質変化*1の奇跡は、委託によっても、すなわち、産業資本家たちが、あの「燃焼させる仕事」を自分では行なわないで自分たちから支払いを受ける第三者の専業にすることによっても、起こりえない。この第三者たちは、もちろん、ただ資本家たちの〝美しい目〟に惹かれて*2自分たちの労働力を用立てたりはしないであろう。同様に、土地所有者の地代徴収人または銀行の下僕にとっては、自分たちの労働が、地代であれ、他の銀行に袋詰めで運ばれる金貨であれ、その価値の大きさをびた一文もふやしはしないということは、どうでもよいことである。(一〇)}

(一〇)　この括弧内の記述は、第八草稿の終わりにある覚え書きからのもの。

*1 〔キリスト教神学の用語で、聖餐式のさいに司祭の祈りによってパンとブドウ酒が、そのままで聖なるキリストの肉と血に実体が変化することを示す〕

*2 〔フランス語の「器量の良さに惹かれて」、反語的に「ただ喜ばれたいため。損得抜きで」の言い方をもじっている。ここでは反語的意味〕

(133)

自分のために他人を労働させる資本家にとっては、購買と販売が一つの主要機能になる。彼は、多くの人々の生産物をかなり大きな社会的規模で取得するから、彼はまた、生産物をそのような規模で販売し、のちにふたたび貨幣から生産諸要素に再転化しなければならない。購買時間および販売時間は、相変わらずなにも価値を創造しない。商人資本の機能によって、一つの幻想がはいり込む。しかし、ここでその点にかんしてこれ以上立ち入らなくても、次のことだけははじめから明らかである——すなわち、それ自体としては不生産的であるが再生産の必要な一契機である一機能が、分業によって、多数の人々の副次的業務から少数の人々の専属業務に、彼らの特殊な営業に転化されても、機能そのものの性格は変わらない。一人の商人（ここでは、諸商品の形態転化の単なる代理人、単なる購買者および販売者とみなされる）は、彼の諸操作によって多数の生産者たちのために購買時間および販売時間を短縮するであろう。この場合、彼は、無益な力の消費を減少させ、または生産時間を解放するのを手助けする、一台の機械とみなされうる。（一二）

（一二）「商業〔原文では「貿易」の意〕の費用は、必要ではあるが〔……〕負担の重い支出とみなされなければならない」（ケネー『経済表の分析』、所収、デール編『重農主義学派』、第一部、パリ、一八四六年、七一ページ〔平田清明・井上泰夫訳『ケネー　経済表』、岩波文庫、二〇一三年、一三二ページ〕）。――ケネーによれば、商人たちのあいだの競争がもたらす「利潤」は、すなわち競争が商人たちに「彼らの報酬または利得の引き下げを」余儀なくするということは、「……厳密に言えば、生産元の直接的販売者および購買者＝消費者にとっての損失の減少でしかない。しかし、商業の費用にもとづく損失の減少は――商業をそれ自体単純に輸送費とかかわりのない交換とみなすにせよ、輸送費と結びつけて考察するにせよ――実物の生産物または富の増加が商業によって得られるということではない」（〔同前デール編〕一四五、一四六ページ〔島津亮二・菱山泉訳『ケネー全集』第三巻、「商業について。H氏とN氏との対話第一」、有斐閣、一九五二年、一八三ページ〕）。「商業の費用はつねに生産物の販売者たちによって負担されるが、彼らは、もし仲介費が少しもかからなければ、購買者たちが支払う全価格を入手するであろう」（〔同前〕一六三ページ〔同前訳、二一四―二一五ページ〕）。〝土地所有者たち《プロプリエテール》〟と〝生産者たち《プロドウクトウール》〟とは「〝報酬支払者《サラリヤン》〟」であり、商人たちは「〝報酬受給者《サラリエ》〟」である（ケネー『商業と手工業者の労働とにかんする対話*』、所収、デール編『重農主義学派』、第一部、パリ、一八四六年、一六四ページ〔同前訳、二一六ページ〕)。〔この注は第二草稿からとられたもの。第四草稿では、この場所への注の指示はない〕

＊〔初版および第二版では『経済的諸問題』となっている〕

ことがらを簡単にするために(というのは、資本家としての商人と商人資本とはもっとあとになってから考察するので)、販売および購買のためのこの代理人は自分の労働を売る人であると仮定しよう。彼は自分の労働力と自分の労働時間とをこのW―GおよびG―Wという操作において支出する。だからまた、彼がそれによって暮らしを立てるのは、他の人がたとえば紡績または丸薬製造によって暮らしを立てるのと同様である。彼は〔不生産的な機能ではあるが、再生産過程における――草稿による〕必(134)要な一機能を果たす。なぜなら、再生産過程そのものが不生産的諸機能を含むからである。彼は他の人と同様に労働するが、彼の労働の内容は価値も生産物も創造しない。彼自身が生産の〝空費〟＊に属する。彼の有用さは、不生産的機能を生産的機能に、または不生産的労働を生産的労働に、転化することにあるのではない。もし、機能のそのような委譲によって、こうした転化が達成されうるとすれば、奇跡であろう。彼の有用さは、むしろ、社会の労働力および労働時間のうち、この不生産的機能に拘束される部分を減少させることにある。それだけではない。よい支払いを受けていようとも、彼が単なる賃労働者でしかないと仮定しよう。彼の受ける支払いがどうであろうと、彼は、賃労働者として、彼の時間の一部分を無償で労働する。彼はおそらく、毎日、八労働時間の価値生産物を受け取って一〇時間にわたって働くであろう。彼が遂行する二時間の剰余労働は、彼の八時間の必要労働と同様に価値を生産しはしない――といっても、この必要労働を介して、社会的生産物の一部分が彼に委譲されるのではあるが。第一に、社会的に考察すれば、依然として一個の労働力が一〇時間のあいだこの単なる流通機能において消耗される。この労働力は他のことには、生産的労働には使用されえない。しかし第二に、この二時間の剰余労働は、それを遂行する個人によって支出されるにもかかわらず、社会はこの剰余労働には支払わない。これによって社会は、余分の生産物または余分の価値をなにも取得しない。しかし、彼が代表する流通費は、一〇時間から八時間に、五分の一だけ減少する。社会は、彼を代理人とするこの活動的流通時間の五分の一にはなんの等価物も支払わない。しかし、もしこの代理人を使用するのが資本家であるとすれば、この二時間を支払わないことによって、彼の資本の流通費――これは彼の収入からの控除をなす――は、減少する。彼にとってはこれは、積極的利得である。なぜなら、彼の資本の価値増殖の受ける消極的制限がよりせばまるからである。自立的小商品生産者たちが自分自身の時間の一部分を購買および販売に支出する限りでは、この部分は、彼らの生産的機能の休止期間に支出される時間としてか、または彼らの生産時間の削減として、現われるだけである。

＊〔生産に直接貢献しない費用をさす術語。ガルニエ、セーなどのフランスの経済学者が使用した〕

どのような事情のもとでも、このことに費やされる時間は、転換される価値にはなにもつけ加えない流通費である。それは、価値を商品形態から貨幣形態に移すために必要な費用である。資本主義的商品生産者が流通当事者として現われる限りでは、彼が直接的商品生産者と区別されるのは、彼がより大きな規模で販売し購買し、したがってまたより大きな範囲で流通当事者として機能する、ということによってだけである。しかし、彼の事業の範囲が彼に、自身の流通当事者たちを賃労働者として買う（雇う）ことを余儀なくするか、または可能にするとしても、実質的にはこの現象に変わりはない。労働力および労働時間はある程度まで流通過程〔単なる形態転化である限りでの〕で支出されなければならない。しかし、この支出はいまや追加的資本投下として現われる。可変資本の一部分が、流通のなかだけで機能するこれらの労働力の購入に投下されなければならない。この資本前貸しは生産物も価値も創造しない。それは、前貸資本が生産的に機能する範囲を〝それだけ〟縮小する。それは、ちょうど、生産物の一部分が、生産物の残りの部分を購買し販売する一台の機械に転化されたのと同じことである。この機械は生産物からの一つの控除を生じさせる。この機械は、流通〔部面〕で支出される労働力などを減少させることができるとはいえ、生産過程では寄与しない。それは単に流通費の一部分をなすにすぎない。（135）

2　簿　記

労働時間は、現実の購買および販売〔での時間の支出〕とならんで、簿記でも支出されるのであり、この簿記には、さらに対象化された労働、ペン、インク、紙、机、事務所経費がはいり込む。したがって、この〔簿記の〕機能においては、一方では労働力が、他方では労働手段が支出される。事情はここでも購買時間および販売時間の場合とまったく同じである。

資本は、その諸循環の内部における統一体としては、過程を進行しつつある価値としては、生産部面内にあるか、流通部面の二つの局面内にあるかを問わず、ただ観念的に計算貨幣の姿態で、まずもって商品生産者または資本主義的商品生産者の頭のなかに、存在する。この運動は、簿記――それは価格決定または諸商品価格の算定（価格計算）をも包含する――によって、確定され管理される。こうして、生産の運動、とくにまた価値増殖の運動――この場合に諸商品は、価値の担い手としてのみ、その観念的な価値定在が計算貨幣で確定されている諸物の名称としてのみ、現われる――は、表象のうちに象徴的な模写を受け取る。個々の商品生産者が自分の頭のなかでのみ記帳するか（たとえば農民はそうであり、資本主義的農業がはじめて、簿記を行なう借地農場経営者を生み出す）、または自分の生産時間外で片手間にだけ自分の支出、収入、支払期限などを記帳する限りは、次のことはまったく明白である。すなわち、彼のこの機能、およびそのさい彼が消費するたとえば紙などのような労働諸手段は、労働時間および労働諸手段の追加的消費を表わしており、この労働時間および労働諸手段は、必要ではあるが、彼が生産的に消費しうる時間からの、ならびに現実の生産過程で機能し生産物形成および価値形成にはいり込む労働諸手段からの、控除をなすということである。〔二〕この機能の本性そのものは、次のことによっても変わることはない。すなわち、この機能が資本主義的商品生産者の手に集中されて、多数の小商品生産者たちの機能としてではなく、一人の資本家の機能として、大規模な生産過程内の機能として現われることで、この機能が受け取る規模によっても、また、この機能を付随的仕事にしていた生産的諸機能からこの機能が切り離され、もっぱらこの機能を委託される

（136）

特殊な代理人の機能として自立化することによっても、この機能の本性そのものは変わることはないのである。

（二）　中世には、農業の簿記は修道院でのみ見いだされる。けれども、前述したように（第一部、三四三ページ〔初版のページ数。本訳書、第一巻、六二九―六三一ページ〕）、すでに太古のインドの共同体でも農業にかんする記帳係が登場する。ここでは、記帳は自立化されて、共同体の役人の専属機能となっている。この分業によって時間、労力、出費は節約されるが、生産と生産にかんする記帳とは、船荷と船荷証券とが別ものであるのと同じく、別ものであることに変わりはない。記帳係の形で共同体の労働力の一部分が生産から取り去られ、彼の職務の諸費用は、彼自身の労働によってではなく、共同体生産物からの控除によって、補填される。資本家の簿記係についても、〝必要な変更を加えれば〟、インドの共同体の記帳係と事情は同じである。（第二草稿より）

分業、すなわち一つの機能の自立化は、もしその機能がそれ自体として生産物を形成し価値を形成するものでなければ、すなわち、その自立化以前にすでにそういうものでなければ、その機能を生産物を形成し価値を形成するものにはしない。資本家が自己の資本を新たに投下する場合には、彼は一部分を簿記係などの雇い入れおよび簿記用品類に投下しなければならない。もし彼の資本がすでに機能しており、不断の再生産過程にある場合には、彼は商品生産物の一部分を、貨幣に転化させることによって、簿記係、事務員などに絶えず再転化させなければならない。資本のこの部分は、生産過程から引き離されて、総収益からの控除である流通費の一部になる。（もっぱらこの機能に使用される労働力そのものも含まれる。）

(137) とはいえ、一方の簿記から生じる費用または労働時間の不生産的支出と、他方の単なる購買時間および販売時間の費用とのあいだには、ある種の区別が生じる。後者の費用は、生産過程の特定の社会的形態からのみ、生産過程が商品の生産過程であるということからのみ、生じる。簿記は、この過程の管理および観念的総括として、過程が社会的規模で行なわれて純然たる個人的性格を失えば失うほど、ますます必要になる。したがって、資本主義的生産では手工業経営および農民経営の分散的生産でよりもいっそう必要になり、共同的生産では資本主義的生産でよりもいっそう必要になる。しかし、簿記の費用は、生産の集中につれて、また簿記が社会的簿記に転化すればするほど、減少する。

ここでは、単なる形態的変態から生じる流通費の一般的性格だけが問題である。ここでは、流通費のあらゆる細部の諸形態に立ち入ることは不要である。しかし、価値の純粋な形態転化に属しており、したがって生産過程の特定の社会的形態から生じる〔この費用の〕諸形態*——それは、個別商品生産者のもとでは消えうせていく〔一時的な〕、ほとんど目につかない諸契機にすぎず、彼の生産的諸機能に付随して行なわれるか、またはそれらとからみ合っている——が、大量の流通費としてどんなに人目をおどろかすことができるかは、貨幣の単なる受け入れと支払いの場合に、それが銀行などの専属機能として、または個別事業における会計係の専属機能として、自立化されて大規模に集中されるようになれば、たちまちわかる。銘記されなければならないのは、この流通費は、姿態を変えることによってその性格を変えはしないということである。

＊〔草稿では「諸形態」は「諸機能」と書かれている〕

3　貨　幣

ある生産物が商品として生産されようとされなかろうと、それはつねに、個人的または生産的消費にはいり込むはずの富の素材的姿態、使用価値である。商品としては、生産物の価値は、観念的に価格において存在し、価格は生産物の現実の使用姿態をなにも変えない。しかし、金銀のような特定の諸商品が貨幣として機能し、また、そのようなものとしてもっぱら流通過程に住みつく（それらは、蓄蔵貨幣、準備金などとしても、潜在的にではあるが、流通部面にとどまる）ということは、商品の生産過程であるというこの生産過程の特定の社会的形態の純然たる産物である。資本主義的生産の基礎上では、商品が生産物の一般的姿態になり、また生産物の圧倒的な量が商品として生産され、それゆえ貨幣形態をとらなければならないから、したがって、商品総量、すなわち社会的富のうち商品として機能する部分が、絶えず増大するから──だからここでは、流通手段、支払手段、準備金などとして機能する金銀の数量もまた増加する。貨幣として機能するこれらの商品は、個人的消費にも生産的消費にもはいり込まない。貨幣は、社会的労働が単に流通機械としてしか役立たない一形態に固定されたものである。社会的富の一部分がこの不生産的形態に拘束されていることに加えて、貨幣の摩滅は、貨幣の持続的な補填を、言い換えれば、より多くの社会的労働──生産物形態にある──の、より多くの金銀への転換を、必要とする。この補填費は、資本主義的に発達した諸国では相当な額にのぼる。なぜなら、一般に富のうち貨幣の形態に拘束される部分は膨大だからである。貨幣商品とし

(138)

ての金銀は、社会にとっては、生産の社会的形態からのみ生じる流通費を形成する。それは商品生産一般の〝空費〟であり、この空費は、商品生産の発展につれて、またとくに資本主義的生産の発展につれて増大する。それは、社会的富のうちの、流通過程に犠牲としてささげられなければならない一部分である。（一三）

（一三）「一国内に流通している貨幣は、その国の資本の一定部分であって、残りの部分の生産性を促進または増大させるために、生産的目的から完全に引きあげられたものである。だから、金を流通手段として採用するために富の一定量が必要であるのは、ちょうど、他のなんらかの生産を促進するために機械をつくることが必要であるのと同じである」（『エコノミスト』第五巻、五一九〔正しくは五二〇〕ページ〔「現在の恐慌、その特徴と救済策」、一八四七年五月八日付、第一九三号。この個所は『一八五七―一八五八年草稿』（『資本論草稿集』2、大月書店、六〇五ページ）にも引用されている〕）。

第二節　保　管　費*

*〔第二草稿表紙プランでは「流通の内部での生産過程から生じる費用」、第四草稿では「価値の単なる形態変換から生じるのではない流通費」となっている〕

価値の単なる形態変換から、観念的に考察された流通から、生じる流通費は、商品の価値にははいり込まない。このような流通費に支出される資本部分は、資本家が考察される限りでは、生産的に支出される資本からの単なる控除をなす。* われわれがいま考察する流通費は、それとは性質を異にする。

(139)
この流通費は、生産過程――流通において持続されるだけの、したがってその生産的性格は流通形態によっておおい隠されているにすぎない生産過程から生じうる。他方では、この費用は、社会的に考察すれば、単なる費用、不生産的支出――生きた労働のそれであれ、対象化された労働のそれであれ――でありうるが、にもかかわらず、まさにそうであることによって、個別資本家にとっては価値形成的に〔価値形成の要因として〕作用し、彼の商品の販売価格への追加分をなしうる。このことは、この費用が、生産部面が異なれば異なり、またときには同じ生産部面内でも個別資本が異なれば異なる、ということからもすでに導かれる。商品の価格に追加されることによって、この費用は、個別資本家の負担となる程度に応じて〔平等に〕配分される。しかし、価値をつけ加える労働はすべて剰余価値をもつけ加えることができるし、資本主義的基礎の上ではつねに剰余価値をつけ加えるであろう。というのは、労働が形成する価値は労働それ自身の大きさにより、労働が形成する剰余価値は資本家が労働に支払う範囲によるからである。したがって商品に使用価値をつけ加えることなしに商品を高くする費用、つまり社会にとっては生産の〝空費〟に属する費用は、個別資本家にとって致富の源泉になりうる。他方では、この費用が商品の価格につけ加える追加分は、この流通費を平等に配分するにすぎないものである以上、この費用の不生産的性格はそれによってなくなりはしない。たとえば、保険会社は個別資本家たちの損失を資本家階級のあいだに配分する。けれどもこのことは、このように平均化された損失が、社会的総資本を考察すれば、相変わらず損失であることをさまたげない。

＊〔草稿では、このあとに次の文章がある。「そして社会が考察される限りでは、労働力の不生産的支出をな

す」〕

1　在庫形成一般*

*〔第二草稿表紙プランでは「α） 在庫形成」、第四草稿では「α） 商品在庫、貯蔵および維持費（保管費）」となっており、これらの「α）」に対応するのは、いずれも「β） 輸送費」であり、本章第三節に該当する。本節第二項の「2　本来の商品在庫」は、第四草稿では「商品在庫」と書いて下線が引かれているだけで、節や項の構成を示す数字や記号などは書かれていない〕

生産物は、それが商品資本として定在するあいだ、またはそれが市場に滞留するあいだ、すなわちそれが出てくる生産過程とそれがはいり込む消費過程との中間期間にあるあいだは、商品在庫を形成する。[*1] 市場にある商品としては、したがって在庫の姿態をとる商品としては、商品資本は各循環において二度現われる。[*2] すなわち、一度は、その循環が考察される過程進行中の資本自身の商品生産物として、もう一度は、それにたいして、市場に見いだされ購買されて生産資本に転化されなければならない他の資本の商品生産物としてである。もちろん、このあとのほうの商品資本が、注文によってはじめて生産されるということはありうる。その場合には、それが生産されるまでのあいだ中断が起こる。とはいえ、生産過程および再生産過程の流れは、多量の商品（生産諸手段）がつねに市場に見いだされ、したがって在庫を形成することを必要とする。同様に、生産資本は労働力の購入を包含し、この場合には貨幣形態は、労働者がその大部分を市場で見いださなければならない生活諸手段の価値形態であるにすぎない。本節の叙述を進めるなかで、この問題にもっと詳しく立ち入ることにしよう。ここでは、すでにこの点はわかったものとする。もしわれわれが、商品生産物に転化されて、いまや販売されなければならない、言い換えれば貨幣に再転化されなければならない、したがっていまや市場で商品資本として機能する、そうした過程進行中の資本価値の立場に立つならば、商品資本が在庫(140)を形成する状態は、目的に反する非自発的な市場滞留である。売れるのが速ければ速いほど、再生産過程はそれだけ滞りなく進む。形態転化W′—G′での滞留は、資本の循環のなかで行なわれなければならない現実の素材変換をも、生産資本として資本がさらに機能することをも、さまたげる。他方、G—Wにとっては、商品が市場に絶えず現存すること、すなわち商品在庫は、再生産過程の流れの条件としても、また新資本または追加資本の投下の条件としても、現われる。

*1〔草稿では、このあとに次の文章が挿入されている。「(この消費過程は、消費が生産的消費である限り、ふたたび生産過程そのものである)」〕

*2〔「すなわち」以下、「中断が起こる」までの三文は、マルクスの草稿では、記号を用いた次の文章になっている。「たとえば、I) G—W[1)]—P—[2)]W′—G′、またはII) P—W′—G′—W[1)]—P。二つの循環において、W′は、その循環が考察される過程進行中の資本の商品生産物であり、それにたいしW[1)]は、Gを生産資本として投下するためであれ（I）、生産資本がすでに投下されている限り再生産の循環を通して永続されるためであれ（II）、市場に見いだされなければならない他の資本の商品生産物である。もちろん、W[1)]が、注文によってはじめて生産されるということがありうる。その場合には、G—WはWが生産されるまで続き、中断が

起こる」〕

商品在庫としての商品資本の市場滞留は、建物、倉庫、商品貯蔵所、商品保管所を、したがって不変資本の投下を必要とし、同じくまた、商品を貯蔵所に運び入れるための労働力にたいする支払いも必要である。そのうえ、商品は腐朽し、また有害な自然力による影響にさらされている。それを防ぐためには、追加資本が、一部分は対象的形態で労働諸手段に、一部分は労働力に、投下されなければならない。(一四)

(一四)　コーベトは、一八四一年に、九ヵ月間の一出回り期の小麦貯蔵費を、量の損失$\frac{1}{2}$%、小麦価格にたいする利子三%、倉敷料二%、選別および運搬賃一%、引渡し作業$\frac{1}{2}$%、合計七%、すなわち、一クォーターあたり五〇シリングの小麦価格のもとでは三シリング六ペンスと計算している（トマス・コーベト『諸個人の富の原因および様式の研究』、ロンドン、一八四一年〔一四〇ページ〕）。鉄道委員会でのリヴァプールの商人たちの供述によれば、一八六五年の穀物貯蔵の（純）費用〔空費〕は、毎月、一クォーターあたり二ペンス、一トンあたり九―一〇ペンスであった（『勅命鉄道委員会』、一八六七年、証言、一九ページ、第三三一号）。〔この注の文章は第二草稿からとられている〕

だから、商品資本としての形態での、したがって商品在庫としての形態での資本の定在は費用を生じさせるが、その費用は、生産部面には属さないので流通費に数えられる。この流通費は、ある一定の範囲内で商品の価値にはいり込み、したがって商品を高価にするという点で、第一節で述べた流通費とは区別される。どのような事情のもとでも、商品在庫の維持および保管に用いられる資本および労働力は、直接的生産過程からは取り去られている。他方、ここで使用される資本は、その構成部分として労働力をも算入して、社会的生産物のうちから補填されなければならない。だから、その投下は、労働の生産力の減少と同じように作用するのであって、その結果、一定の有用効果をあげるのにより大きな分量の資本および労働が必要とされる。それは空費である。

（141）しかし、商品在庫の形成によって必要とされる流通費が、現存価値の商品形態から貨幣形態への転化に要する時間からのみ、すなわち生産過程の一定の社会的形態からのみ（生産物が商品として生産され、したがってまた貨幣への転化を経過しなければならないということからのみ）生じる限りでは――この費用は第一節にあげた流通費とまったく同じ性格である。他方、この場合には、諸商品の価値が保存または増殖されるのは、使用価値すなわち生産物そのものが、資本投下を要するある種の対象的諸条件のもとに置かれ、また、追加労働を使用価値に作用させる諸操作に従わされるからにほかならない。これにたいして、商品価値の計算、この過程にかんする簿記、売買取引は、商品価値がそのなかに存在している使用価値には作用しない。それらは、ただ商品価値の形態と関係するだけである。だから、前提された場合では、この在庫形成（それはここでは非自発的である）の空費は、単に、形態転化の停滞から、また形態転化の必要から生じるにすぎないが、それにもかかわらずこの空費は、第一節の空費とは区別される。それは、その対象そのものが価値の形態転化ではなくて、生産物としての、使用価値としての商品のなかに存在し、したがってただ生産物の、使用価値そのものの維持によってのみ維持されうる価値の維持ということによってである。この場合、使用価値は高められもしないし増加もせず、逆に減少する。しかし、その減少が制限され、使用価値は維持される。前貸しされて商品のなかに存在する価値も、この場合には高められない。しかし、新たな労働――対象化された労働および生きた労働――はつけ加えられる。

次にさらに研究しなくてはならないのは、これらの空費はどの程度まで商品生産一般の、また一般的、絶対的な形態にある商品生産すなわち資本主義的商品生産の、独自な性格から生じるのか、ということであり、他方では、これらの空費はどの程度まですべての社会的生産に共通であり、この点でどの程度まで、資本主義的生産の内部だけで特殊な姿態、特殊な現象形態をとるのか、ということである。

アダム・スミスは、在庫形成は資本主義的生産に特有な現象であるという荒唐無稽な見解を述べた。(一五) もっと最近の経済学者たち、たとえばレイラーは、逆に、在庫形成は資本主義的生産の発展につれて減少する、と主張する。[*1] シスモンディは、これを資本主義的生産の一つの暗い面とさえみなしている。[*2]

（一五）〔『諸国民の富』〕第二篇、序論〔大内・松川訳、岩波文庫、(二)、一九六〇年、一三三一―一三三四ページ〕。

＊1〔ジョン・レイラー『貨幣と道徳――現代の書』、ロンドン、一八五二年、四三、四四ページ〕

＊2〔シスモンディ『経済学研究』第一巻、ブリュッセル、一八三七年、四九ページ以下〕

(142) 事実、在庫は三つの形態で存在する――すなわち、生産資本の形態で、個人的消費元本の形態で、および商品在庫または商品資本の形態で。在庫は、その絶対的大きさから見れば、三つの形態すべてにおいて同時に増大することもありうるが、一方の形態で増加すれば、他方の形態では相対的に減少する。

生産が直接に自家需要の充足に向けられていて、比較的わずかな部分だけが交換または販売のために生産され、したがって社会的生産物が全然または比較的小部分しか商品の形態をとらない場合には、商品の形態にある在庫すなわち商品在庫は、富のわずかな微々たる部分をなすだけであるということは、最初から明らかである。しかし、この場合には消費元本、ことに本来の生活諸手段の消費元本は、相対的に大きい。古風な農民経済を見さえすればよい。そこでは生産物の圧倒的部分が、商品在庫を形成することなしに——というのは、まさにこの圧倒的部分はその所有者の手中にとどまるので——直接に貯えられた生産諸手段または生活諸手段に転化される。この部分は商品在庫の形態をとらないのである。それだからこそ、A・スミスによれば、このような生産様式を基礎とする社会には在庫は存在しないのである。A・スミスは、在庫の形態を在庫そのものと混同しており、社会はこれまで手から口へのその日暮らしをし、換言すればあしたのことは成り行きまかせにした、と思っている。(一六) これは幼稚な思い違いである。

（一六）　A・スミスが誤って思い込んでいるように、在庫形成は生産物の商品への転化および消費用在庫の商品在庫への転化からはじめて生じるのではなく、逆にこの形態変換が、自家需要のための生産から商品生産への移行中に、生産者たちの経済にきわめて激しい危機を生じさせる。たとえば、インドでは、最近にいたるまで、「豊作の年にはわずかなものとしか引き換えられなかった穀物を大量に貯蔵する習慣」が維持された（『報告書。ベンガルおよびオリッサの飢饉。下院、一八六七年』、第一部、二三〇〔、二三一〕ページ、第七四号）。アメリカの南北戦争〔一八六一―一八六五年〕によって突然増大した綿花、ジュート〔いずれもインドの主産物〕などにたいする需要は、インドの多くの地方で米作の大幅制限、米価の騰貴、生産者たちの古米在庫の売却を引き起こすきっかけとなった。そのうえ、一八六四―一八六六年には、オーストラリア、マダガスカルなどへの未曽有の米の輸出が加わった。そこからオリッサ地方だけでも一〇〇万の人命を奪った一八六六年の飢饉の激烈な性格が生じたのである（同前、一七四、一七五、二一三、二一四ページ、および第三部、「ベハールの飢饉にかんする記録」、三二、三三ページ。ここでは飢饉の原因のうち〝古い在庫の流出〟が強調されている）。（第二草稿より）

(143)

生産資本の形態にある在庫は、すでに生産過程にあるか、または少なくとも生産者たちの手中にあり、したがって潜在的にはすでに生産過程にある生産諸手段の形態で存在する。上述したように、労働の生産性の発展につれて、したがってまた資本主義的生産様式――それは以前のどの生産様式にもまして労働の社会的生産力を発展させる――の発展につれて、労働諸手段の形態で〔生産〕過程にひとたび合体されれば期間の長い短いはあれ絶えず繰り返されて過程のなかで機能する生産諸手段（建物、機械など）の総量は絶えず増大するのであり、そしてその増大は、労働の社会的生産力の発展の前提でもありその結果でもある。この形態にある富の単に絶対的なばかりでなくまた相対的な増大（第一部、第二三章、第二節〔本訳書、第一巻、一〇八六ページ以下〕参照）は、とりわけ資本主義的生産様式を特徴づける。しかし、不変資本の素材的存在形態である生産諸手段は、この種の労働諸手段からなるだけでなく、種々さまざまな加工段階にある労働材料からも、また補助材料からもなる。生産の段階につれて、また協業、分業、機械などによる労働の生産力の上昇につれて、日々の再生産過程にはいり込む原料、補助材料などの総量は増大する。これらの要素は、生産場所に準備されていなければならない。したがって、生産資本の形態で存在するこの在庫の規模は、絶対的に増大する。〔生産〕過程が滞りなく進行するためには――この在庫が毎日更新されうるか、一定の諸期限内でのみ更新されうるかはまったく別として――たとえば毎日または毎週消費されるよりも多くの原料などの集積が、つねに生産場所に準備されていなければならない。過程の連続性は、過程に必要な諸条件の定在が、毎日の購入のさいに起こりうる中断によっても左右されず、また、商品生産物が毎日売れたり一週間で売れたりして、そのために商品生産物が不規則にしかその生産諸要素に再転化されえない、ということによっても左右されないことを、必要とする。そうではあるが、明らかに、生産資本は非常に異なる規模で潜在的でありうる――すなわち在庫を形成しうる。たとえば、紡績業者が、綿花または石炭を三ヵ月分用意しておかなければならないか一ヵ月分用意しておかなければならないかは、大きな違いである。人々の知るように、このような在庫は、絶対的には増加するにしても、相対的には減少しうる。

このこと〔生産資本の在庫の大きさ〕は、さまざまな条件に依存するが、それらの条件はすべて、本質的には、中断が決して生じないように原料の必要総量がつねに供給されうる、より大きな速さと規則正しさと確実さに帰着する。これらの条件が満たされることが少なければ少ないほど、したがって供給の確実さと規則正しさと速さとが少なければ少ないほど、生産資本の潜在的部分、すなわちまだ

（144）

生産者の手中にあって加工を待つ原料などの在庫は、それだけ大きくならざるをえない。これらの条件は、資本主義的生産の発展の程度、したがって社会的労働の生産力の発展の程度に反比例する。したがってこの形態にある在庫もそうである。

そうであっても、ここで在庫の減少として現われるもの（たとえばレイラーの場合）は、一部分は、商品資本の形態にある在庫すなわち本来の商品在庫の減少にすぎず、したがって、同じ在庫の単なる形態変換でしかない。* 〔第一に〕たとえば、日々自国内で生産される石炭の総量、したがって石炭生産の規模と活力とが大きければ、紡績業者は自分の生産の連続性を確保するために多量の石炭貯蔵をする必要はない。石炭供給の恒常的で確実な更新がそれを不要にする。第二に、ある過程の生産物が生産手段として他の過程に移行しうる速さは、輸送および交通諸手段の発展に依存する。この場合には輸送が安いことが大きな役割を演じる。たとえば、炭坑から紡績工場まで石炭輸送を絶えずくり返すことは、輸送費が比較的安い時に、より長期間のために、より多量の石炭を補給しておくよりも、高くつくであろう。以上考察したこの二つの事情は、生産過程そのものから生じる。第三に、信用制度の発展が影響する。紡績業者が綿花、石炭などの自己の在庫を更新するうえで自己の綿糸の直接的販売に依存することが少なければ少ないほど――そして信用制度が発展すればするほど、この直接的依存はそれだけわずかになる――、綿糸販売の偶然に依存せずに、所与の規模で連続的な綿糸生産を確保するために必要な、これらの在庫の相対的な大きさは、それだけ小さくなりうる。しかし第四に、多くの原料、半製品などはその生産に比較的長い期間を必要とし、ことにこのことは農業が供給する

(145)

原料すべてについて言える。したがって、生産過程の中断を生じさせないようにしようとするならば、新生産物が旧生産物に取って代わることができない全期間にわたってこれら原料などの一定の在庫が現存しなければならない。産業資本家の手中でこの在庫が減少するとすれば、それは、この在庫が商品在庫の形態で商人の手中で増加していることを示すだけである。たとえば輸送諸手段の発展は、輸入港に置いてある綿花を迅速にリヴァプールからマンチェスターに運ぶことを可能にし、その結果、工場主は、必要に応じて、比較的少量ずつ自己の綿花在庫を更新することができる。しかしその場合には、この同じ綿花がそれだけ大量に商品在庫としてリヴァプールの商人の手中に置かれている。したがって、ここには在庫の単なる形態変換があるだけであり、このことをレイラーその他の人々は見逃してしまっている。また、社会的資本を考察すれば、この場合には在庫の形態で相変わらず同じ生産物総量が見いだされる。個々の国にとっては、たとえば年間に必要な総量が準備されていなければならない規模は、輸送諸手段の発達につれて減少する。多数の汽船と帆船がアメリカとイギリスとのあいだを航行すれば、イギリスにとっては綿花在庫を更新する機会が増加し、したがって、平均的にイギリスで貯蔵されていなければならない綿花在庫の総量は減少する。世界市場の発展、したがってまた同じ物品の仕入れ先が何倍にも増えることは、同じように作用する。その物品が、さまざまな国から、さまざまな時期に少しずつ供給される。

＊〔草稿およびエンゲルスの編集原稿では、この一文は次のようになっている。「そうであっても、ここで在庫の減少として現われるもの（レイラー）は、一部分は、生産資本の形態にある在庫の減少にすぎない――

なぜなら、商品資本の形態にある在庫すなわち本来の商品在庫の増加であり、したがって、同じ在庫の単なる形態変換だからである」〕

２　本来の商品在庫

すでに述べたように、資本主義的生産の基礎上では、商品が生産物の一般的形態となり、そして、資本主義的生産が広さと深さから見て発展すればするほど、ますますそうなる。したがって――生産の規模が同じであっても――以前の諸生産様式と比べてであれ、より低い発展程度の資本主義的生産様式と比べてであれ、生産物の比較にならないほど大きな部分が、商品として存在する。しかし、すべての商品は、したがってまたすべての商品資本――これは、商品にすぎず、ただ資本価値の定在形態としての商品である――も、それがその生産部面から直接に生産的または個人的消費にはいり込まないで、したがってその中間期間に市場にある限りでは、商品在庫の一要素を形成する。だから、それ自体としては――生産の規模が変わらない場合でも――商品在庫（すなわち生産物の商品形態のこの自立化と固定化）は資本主義的生産につれて増大する。すでに述べたように、これは在庫の形態変換にすぎない。すなわち、一方で商品形態にある在庫が増加するのは、他方で在庫が直接的な生産在庫または消費在庫の形態で減少するからである。ここには在庫の社会的形態の変化があるだけである。社会的総生産物に比べて商品在庫の相対的大きさが増加するばかりでなく、その絶対的大きさも同時に増加するとすれば、それは、資本主義的生産とともに総生産物の総量が増大するからである。

（146）

資本主義的生産の発展につれて、生産の規模が、生産物にたいする直接的需要によって決定される度合いはますます小さくなり、個別資本家が自由に利用できる資本の規模によって、彼の資本の価値増殖衝動および彼の生産過程の連続と拡大との必要によって決定される度合いがますます大きくなる。それとともに、どの特殊な生産部門においても、商品として市場にある生産物、すなわち販路を求める生産物の総量が、必然的に増大する。商品資本の形態で短期にまたは長期に固定される資本の総量が増大する。だから、商品在庫が増大する。

最後に、社会の最大部分が、賃労働者に、手から口へのその日暮らしで自分たちの賃銀を毎週受け取って毎日支出する人々に、すなわち自分たちの生活諸手段を在庫として見いださなければならない人々に、転化される。この在庫の個々の要素がどんなに速く流動しようとも、在庫がつねに流動し続けることができるためには＊、それらの要素の一部分が絶えず停滞しなければならない。

＊〔草稿では、「流動し続けることができる」は「現存している」となっている〕

これらの契機はすべて、生産の形態、およびそれに包含されていて、生産物が流通過程のなかで経過しなければならない形態転化から生じる。

生産物在庫の社会的形態がどうであろうと、その保管には費用を、すなわち、生産物を貯蔵する建物、容器などを必要とし、同じくまた有害な影響を防ぐために生産物の性質に応じて多かれ少なかれ支出されなければならない生産諸手段および労働を、必要とする。在庫が社会的に集中されればされるほど、それだけこの費用は相対的に小さくなる。この支出は、つねに、対象化された形態であれ、生きた形態であれ、社会的労働の一部分を――したがって資本主義的形態[*1]では資本支出を――なすが、この資本支出は生産物形成そのものにははいり込まず、したがって生産物からの控除[*2]をなす。この支出は必要であり、社会的な富の空費である。この支出は社会的生産物の維持費であって、そのことは、商品在庫の要素としての社会的生産物の存在が、単に生産の社会的形態から、したがって商品形態とその必然的な形態転化とから生じるかどうか、または、われわれが商品在庫を生産物在庫――商品在庫の形態、流通過程に属する生産物在庫[*3]のこの形態にないとしても、すべての社会に共通する生産物在庫――の特殊な形態とだけみなすかどうかにかかわらず、変わらない。

＊1〔草稿およびエンゲルスの編集原稿では、「資本主義的形態」は「資本主義的生産」となっている〕

＊2〔草稿では、「生産物からの控除」は「直接的な生産物形成に支出された社会的労働からの控除」となっている〕

＊3〔草稿および初版では、「商品在庫」をさす代名詞になっている〕

そこで次に、これらの費用はどの程度まで商品の価値にはいり込むかが問題である。

資本家は、生産諸手段および労働力に前貸しした自己の資本を、生産物に、完成した販売予定の商品総量に転化したが、これが売れないで貯蔵され続けるならば、この時間中、彼の資本の価値増殖過程が停滞するだけではない。この在庫の維持のために建物、追加労働などにおいて必要とされる支出は、積極的損失をなす。もし彼が、私の商品は六ヵ月間売れず、そしてこの六ヵ月間の商品の維持の

（147）ために、私は、これこれの額の資本をねかせてしまったばかりでなく、そのうえｘ額の空費を負担した、と言うならば、最終の買い手は彼を笑い物にするであろう。買い手は言う――〝お気の毒さま〟。あなたのそばにもう一人売り手がいるが、この人の商品はついおとといでき上がったばかりだ。あなたの商品は売れ残り品で、たぶん多かれ少なかれ時間の歯にかじられて〔傷んで〕いるであろう。したがって、あなたはあなたの競争相手よりも安く売らなければならない、と。――商品生産者が彼の商品の現実的生産者であるか、それともその商品の資本主義的生産者であるか、すなわち実際上その商品の現実的生産者たちの代表者にすぎないかということは、商品の生活諸条件をなにも変えはしない。彼は、自分の物品を貨幣に転化しなければならない。その物品の商品形態での固定化が彼に負わせる空費は、彼の個人的なリスク負担に属し、このリスク負担は商品の買い手とはなんのかかわりもない。買い手は彼に彼の商品の流通時間の代価を支払いはしない。価値革命が現実に起こる時期、またはそれが予想される時期に、資本家が意図的に自己の商品を市場に出さずにおく場合でさえも、彼が追加空費を実現するかしないかは、この価値革命が〔現実に〕到来するかしないかに、彼の思惑があたるかはずれるかしだいである。しかし、価値革命は彼の空費の結果ではない。したがって、在庫形成が流通の停滞である限り、それによって生じる費用は商品になんらの価値もつけ加えない。他方では、流通部面での滞留なしには、長期であれ短期であれ資本がその商品形態にとどまり続けることなしには、在庫はありえない。つまり、貨幣準備金の形成なしには貨幣が流通しえないのとまったく同じように、流通の停滞なしにはどのような在庫もありえない。すなわち、商品在庫なしにはどのような商品流通もありえない。この〔在庫の〕必要性は、W′—G′では資本家にとっては生じないが、G—Wでは資本家にとって生じる。それは、彼の商品資本〔W′〕についてではなく、彼のためには生産諸手段を、彼の労働者たちのためには生活諸手段を生産する他の資本家たちの商品資本〔W〕について、である。

在庫形成が自発的であるか非自発的であるか、すなわち、商品生産者が意図的に在庫を保持するのか、それとも流通過程そのものの諸事情が商品の販売をさまたげる結果として彼の商品が在庫を形成するのか、ということは、事態の本質をなにも変えることができないように見える。しかしながら、この問題の解決のためには、自発的な在庫形成を非自発的な在庫形成から区別するものはなにかを知ることが有益である。在庫の非自発的な形成は、商品生産者が知っているかどうかにかかわらず、しかも彼の意志をさまたげる流通停滞から生じるか、または、この流通停滞と同じものである。自発的な在庫形成を特徴づけるものはなにか？　売り手は相変わらず自分の商品をできるだけ早く処分しようとつとめる。彼は絶えず生産物を商品として売りに出す。もし彼が生産物を販売することをとりやめるならば、生産物は商品在庫の可能的《デユナメイ》要素を形成するだけで、その現実的《エネルゲイア》要素を形成しないであろう。商品自体は、彼にとっては相変わらず、商品の交換価値の担い手にすぎず、また商品は、その商品形態を脱ぎ捨てて貨幣形態をとることによってのみ、またそのあとでのみ、交換価値として作用しうる。(148)

商品在庫は、所与の期間のあいだ需要の規模にたいして十分であるためには、ある一定の規模をもたなければならない。そのさい、買い手の範囲の持続的な拡大が考慮に入れられる。たとえば、一日中十分足りているためには、市場にある商品の一部分は、他の部分が流動して貨幣に転化されるあいだ、つねに商品形態をとり続けなければならない。もっとも、他の部分が流動するあいだ停滞する部分は、在庫そのものの規模が減少するにつれて絶えず減少し、ついにはすっかり売れてしまう。したがってこの場合には、商品の停滞は商品の販売の必要条件として考慮されている。さらに、その規模は、中位の売れ行きよりも、または中位の需要の規模よりも、大きくなければならない。そうでなければ、中位の需要を超える超過は満たされえないであろう。他方、在庫は絶えず消えうせるから、絶えず更新されなければならない。この更新は、究極的には生産からのみ、商品の供給からのみ生じうる。この供給が外国からくるかどうかは、事態を少しも変えない。この更新は、諸商品の再生産に必要とされる期間に左右される。この期間のあいだ、商品在庫は十分になければならない。商品在庫が最初の生産者の手中にとどまらずに、卸売商人から小売商人にいたるさまざまな貯蔵所を通るということは、現象を変えるだけで、事態そのものを変えはしない。社会的に考察すれば、商品が生産的または個人的消費にはいり込んでしまわないあいだは、資本の一部分は相変わらず商品在庫の形態にある。生産者自身は、生産に直接左右されないように、そしていつもの顧客の範囲を確保するために、自己の平均需要に照応する在庫高を持とうとつとめる。生産期間に照応して購入期限が形成され、そして商品は、同種の新品によって補填されうるまで、長期または短期のあいだ在庫を形成する。この在庫形成によってのみ、流通過程の、したがってまた流通過程を含む再生産過程の、恒常性と連続性

（149）とが確保される。

Ｗがまだ市場にあるにもかかわらず、Ｗの生産者にとってはＷ′―Ｇ′が達成されてしまっていることがありうる、ということを思い出さなければならない。もし生産者自身が自分自身の商品を、それが最終消費者に売られるまで、倉庫に保持しておこうと思うならば、生産者は二重の資本を動かさなければならなかったであろう――一つは商品の生産者として、もう一つは商人として。商品そのものにとっては――個々の商品として考察するにせよ、社会的資本の構成部分として考察するにせよ――、在庫形成の費用が商品の生産者の肩にかかるか、それともＡからＺまでの一連の商人の肩にかかるかは、事態をなにも変えない。

商品在庫が、在庫の商品形態にほかならず、もしそれが商品在庫として存在しなければ、社会的生産の与えられた段階のもとでは、生産用在庫（潜在的生産元本）としてか、または消費元本（消費諸手段の予備）として存在する限りにおいて、在庫の維持に必要な費用は、したがって在庫形成の費用――すなわち在庫形成に使用される対象化された労働または生きた労働――は、社会的生産元本であれ社会的消費元本であれ、それの維持費の単に変形されたものにすぎない。この費用が引き起こす商品価値の上昇は、この費用をただ〝比例して〟*さまざまな商品に配分するだけである。というのは、この費用は商品の種類が異なれば異なるからである。在庫形成の費用は、社会的富の一つの存在条件であるにもかかわらず、相変わらず社会的富からの控除である。

＊〔草稿および初版では「均等に」となっている〕

商品在庫が商品流通の条件であり、しかも商品流通のなかで必然的に発生した一形態でさえある限り、したがって、貨幣準備金の形成が貨幣流通の条件であるのとまったく同様に、この外観上の停滞が流れそのものの形態である限り──ただその限りにおいてのみ、この停滞は正常である。これにたいして、流通貯水池に滞留する諸商品が、あとから追いかけてくる生産の波に席を譲らず、したがって、この貯水池があふれると、商品在庫は流通停滞の結果、膨脹するが、それは、貨幣流通が停滞すれば蓄蔵貨幣が増大するのとまったく同様である。この場合、この停滞が産業資本家の貯蔵所で生じるか商人の倉庫で生じるかは、どうでもよい。その場合、商品在庫は中断のない販売の条件ではなく、商品の販売不可能の結果である。費用は同じままであるが、しかし、いまやこの費用は純粋に形態から──すなわち、商品を貨幣に転化する必要とこの変態の困難とから──生じるので、それは商品の価値にははいり込まず、控除を、価値の実現における価値損失をなす。在庫の正常な形態と異常な形態とは形態上からは区別されず、両形態とも流通の停滞であるから、これらの現象は混同されうるし、また、生産者にとっては、商人の手に渡っている自己の商品の流通過程が停滞しているにもかかわらず、自己の資本の流通過程は進行しうるので、なおさらこれらの現象は生産当事者自身をもだましうる。他の事情が変わらなければ、生産および消費の規模が膨脹すれば商品在庫の規模も膨脹する。商品在庫は、まえと同じ速さで更新され吸収されるが、その規模はより大きくなる。したがって、流通停滞によって膨脹する商品在庫の規模が、再生産過程の拡大の兆候であるかのように誤認されうる──とくに、信用制度の発展につれて現実の運動が神秘化されうるようになると、そうである。

(150)

在庫形成の費用は、(一) 生産物総量の量的減少〔目減りなど〕(たとえば穀粉在庫の場合)、(二) 品質の悪化、(三) 在庫の維持に必要とされる対象化された労働および生きた労働、からなる。

第三節　輸　送　費

ここで、たとえば包装、品分けなどのような流通費のあらゆる細目に立ち入る必要はない。一般的法則は、商品の形態転化からのみ生じる流通費はすべて商品になんらの価値もつけ加えない、ということである。流通費は、単に価値を実現するための、または一形態から他の形態に価値を移すための、費用である。この費用に投じられる資本(この資本によって指揮命令される労働も含めて)は、資本主義的生産の〝空費〟に属する。空費の補填は、剰余生産物からなされなければならず、そしてこれは、資本家階級全体を考察すれば、剰余価値または剰余生産物からの控除をなすのであって、それは、労働者にとって自己の生活諸手段の購入に必要とされる時間が失われた時間であるのとまったく同様である。しかし、輸送費は、あまりにも重要な役割を演じるから、ここでなお簡単に考察しないわけにはいかない。[*]

＊〔ここまで第四草稿。以下、第二草稿より〕

資本の循環の内部では、またその一部分をなす商品変態の内部では、社会的労働の物質代謝[*1]が行なわれる。この物質代謝は、生産物の空間変換、すなわち一つの場所から他の場所への生産物の現実の

(151) 運動を引き起こすことがありうる。しかし、商品の流通は、商品の物理的運動がなくても行なわれうるし、また、生産物の輸送は、商品流通がなくても、直接的生産物交換がなくてさえも、行なわれうる。AがBに売る家は、商品として流通するが、歩き回りはしない。綿花や銑鉄のような動かせる商品価値は、何ダースもの流通過程を経過し、投機師たちによって買われてはまた売られているその同じときに、もとの商品倉庫に積まれたままである。この場合に現実に動くのは、物にたいする所有権原であって、物そのものではない。他方、たとえばインカ国*2では、社会的生産物が商品として流通したのでもなく物々交換を通じて分配されたのでもないにもかかわらず、輸送業が大きな役割を演じた。(一七)

(一七)　シュトルヒは、これを〝作為的流通〟*3と呼んでいる。

*1　〔本訳書、第一巻、三一〇ページ参照〕

*2　〔本訳書、第二巻、一八七ページの訳注＊参照〕

*3　〔マルクスは『一八五七―一八五八年草稿』のノート第六冊のなかで、この個所を書き抜いているが、この「作為的流通」についてシュトルヒは「投機」がそれであるとしている（シュトルヒ『経済学講義』第一巻、パリ、一八二三年、四〇九―四一一ページ）。『資本論草稿集』2、大月書店、三八三ページ参照〕

だから、資本主義的生産の基礎上では輸送業が流通費の原因として現われるとしても、この特殊な現象形態は事態をなにも変えない。

生産物総量はその輸送によって増えはしない。さらにまた、輸送によって引き起こされるかもしれない生産物の自然的属性の変化は、若干の例外をのぞいて、意図された有用効果ではなく、避けられない害悪である。しかし、諸物の使用価値はそれらの消費においてのみ実現され、しかも諸物の消費はそれらの場所変更を、したがって輸送業の追加的生産過程を必要とすることがありうる。したがって、*輸送業に投じられた生産資本〔産業資本〕は、一部は輸送諸手段からの価値移転によって、一部は輸送労働による価値追加によって、輸送される生産物に価値をつけ加える。この輸送労働の価値追加は、すべての資本主義的生産の場合にそうであるように、労賃の補填と剰余価値とに分かれる。

＊〔草稿では、「したがって」のあとに、「輸送業は使用価値を生産する過程である」と書かれている〕

どの生産過程の内部でも、労働対象の場所変更と、それに必要な労働諸手段および労働力――たとえば梳綿室から精紡室に移される綿花や、立て坑から地表にあげられる石炭〔の場所変更〕――は、大きな役割を演じる。完成商品としての完成生産物の、一つの自立的な生産場所から空間的にそこから離れた他の生産場所への移動は、同じ現象をただいっそう大規模に示すだけである。一つの生産場所から他の生産場所への生産物の輸送のあとには、さらに、生産部面から消費部面への完成生産物の輸送が続く。生産物は、この運動を完了したとき、はじめて消費のためにできあがったものになる。

まえに示したように〔本訳書、第一巻、七五ページ参照〕、労働の生産性と労働の価値創造とが反比例するということは、商品生産の一般的法則である。この法則は、他のどの産業にもあてはまるのと同
(152) じように、輸送業にもあてはまる。与えられた距離の商品輸送に必要とされる労働量――死んだ労働量と生きた労働量――が小さければ小さいほど、労働の生産力はそれだけ大きく、その労働量が大きければ大きいほど、労働の生産力はそれだけ小さい。[一八]

（一八）　リカードウはセーを引用しているが、そのセーは、商業が輸送費によって生産物を高価にすること、またはその価値を高めることを、商業の恵みと考える。セーは言う――「商業は、われわれが、ある商品をその原産地で手に入れ、その商品を他の消費地まで輸送することを可能にする。したがって商業は、われわれに、第一の場所での価格と第二の場所での価格のあいだの全差額だけその商品の価値を増加させることを可能にする」[*]。リカードウはこれについて述べる――「なるほどそのとおりであるが、しかし、この追加価値はどのようにしてそれに与えられるのか？　生産費に第一には輸送費を、第二には商人によって行なわれた資本の前貸しにたいする利潤を、加えることによってである。その商品がより多く価値をもつのは、他のすべての商品がより多くの価値をもつようになるのと同じ理由から、すなわち、その商品が消費者によって購買されるまえに、その生産と輸送とにより多くの労働が支出されたからにほかならない。これを商業の利点の一つとしてあげてはならない」（リカードウ『経済学と課税の原理』、第三版、ロンドン、一八二一年、三〇九、三一〇ページ〔堀経夫訳『リカードウ全集』Ⅰ、雄松堂書店、一九七二年、三〇五ページ〕）。〔同様の注は第二草稿にもあるが、この注の文章は第四草稿による〕

＊〔セー『経済学概論』、第四版、第二巻、パリ、一八一九年、四五八ページ。増井幸雄訳『経済学』（第六版からの訳）、岩波書店、下巻、一九二九年、六三八ページに該当〕

輸送が商品につけ加える価値の絶対的な大きさは、他の事情に変わりがなければ、輸送業の生産力に反比例し、通過すべき距離に正比例する。

他の事情に変わりがなければ、輸送費が商品の価格につけ加える相対的な価値部分は、商品の容積と重量とに正比例[*1]する。けれども、これを修正する事情が数多くある。たとえば輸送は、物品の相対的な、壊れやすさ、変質しやすさ、破裂しやすさ、に応じて、大なり小なりの予防措置を必要とし、したがって労働および労働諸手段の大なり小なりの支出を必要とする。ここで鉄道王たちは、空想的な品種形成という点で植物学者や動物学者よりも大きな独創力を発揮する。たとえば、イギリスの鉄道でとられている貨物の分類は、何冊もの本をいっぱいにし、また、一般的原則として、貨物の種々雑多な自然的属性を、同じくらいたくさんの輸送上の弱点とよくある詐取の口実とに変えてしまおうとする意向にもとづいている。「以前は一クレイト」〔一定容積の一箱〔クレイトは木のわくの意〕〕「につき一一ポンドに値したガラスが、いまでは産業上の進歩とガラス税の廃止との結果二ポンドにしか値しないが、その輸送費は、以前と同じであり、運河輸送の場合は以前よりも高い。以前は、鉛細工用のガラスやガラス製品は、バーミンガムの五〇マイル以内では一トンあたり〔約〕一〇シリングで輸送された。いまでは、品物が壊れやすいことによる危険を口実にして、運賃は三倍に引き上げられている。〔……〕しかし実際に壊れたものを弁償しないのが鉄道経営者である」(一九)。さらに、輸送費が一(153)つの物品につけ加える相対的な価値部分がその物品の価値に反比例することは、鉄道王たちにとっては、一つの物品にその物品の価値に正比例して運賃を課する特別な理由になる。この点についての産業家や商人たちの苦情が、右にあげた報告書の証言のどのページにも繰り返されている。*2

(一九)『勅命鉄道委員会』、三一ページ、第六三〇号。

*1〔草稿では「正比例し、商品の価値に反比例する」となっている〕

*2〔ここまで第二草稿。以下、この節の終わりまで第四草稿より〕

資本主義的生産様式は、輸送交通諸手段の発展によって、また輸送の集中――規模の大きさ――によって、個々の商品にとっての輸送費を減少させる。この生産様式は、まずもってあらゆる生産物の大多数を商品に転化することによって、次には局地的市場を遠隔市場で置き換えることによって、社会的労働――生きた労働および対象化された労働――のうち、商品輸送に支出される部分を増加させる。

空間内で流通すること、すなわち実際に商品が通流することは、商品の輸送に帰着する。輸送業は、一方では、自立的な一生産部門を形成し、したがってまた生産資本〔産業資本〕の特殊な一投下部面を形成する。他方では、それは、流通過程の内部での、かつ流通過程のための、生産過程の継続として現われるという点で、区別される。

マルクス　新版《しんぱん》 資本論《しほんろん》　第《だい》5分冊《ぶんさつ》

2020年5月20日　初　版
2024年3月30日　第3刷

監修者　日本共産党中央委員会社会科学研究所
発行者　角　田　真　己

郵便番号　151-0051　東京都渋谷区千駄ヶ谷4-25-6
発行所　株式会社　新日本出版社
電話　03（3423）8402（営業）
03（3423）9323（編集）
info@shinnihon-net.co.jp
www.shinnihon-net.co.jp
振替番号　00130-0-13681
印刷・製本　光陽メディア

落丁・乱丁がありましたらおとりかえいたします。

ISBN978-4-406-06379-1 C0033　Printed in Japan